E. W. Heine

Der neue Nomade

Ketzerische Prognosen

Diogenes

Umschlagillustration und Vignetten
von
E. W. Heine

Für Helme
und Kiki

Originalausgabe

680/86/8/1
ISBN 3 257 01718 9

Ein Nomade unsere Seele,
Beduine unser Blut.
Wanderer sind wir in der Wüste.
Das Land, das nirgendwo liegt,
ist unsere Heimat.

Koran

Hat nicht die moderne Gesellschaft
längst zu einer zivilisierten Wildnis
geführt, der gegenüber sich der Mensch
wie ein Urmensch verhält?

Friedrich Dürrenmatt

Inhalt

Notizen unterscheiden sich von Aphorismen wie klare Schnäpse von edlem Wein. Beide jedoch wollen in kleinen Schlucken, das heißt mit Verstand genossen werden.

Übertreibungen möge man mir verzeihen, denn mit der Kritik ist es wie mit dem Pistolenschießen. Man muß immer ein wenig höher halten, um ins Schwarze zu treffen.

E. W. Heine

Standort

Egon Friedell schrieb 1920 (!):

»Der abendländische Mensch beschritt den Weg des Rationalismus und versuchte sich von seiner Angst vor der Welt dadurch zu befreien, daß er sich bemühte, sie mit seinem Verstand zu erfassen und zu beherrschen. Diese Entwicklung nähert sich jedoch, nachdem sie innerhalb der letzten 100 Jahre einen absoluten Höhepunkt erreicht hat, einer Krise. Sie beginnt in ihr Gegenteil umzuschlagen. Der Bankrott der Wissenschaft, der Technik, unserer ganzen Verstandeskultur ist offenkundig. Die Menschheit kehrt zur tiefen Instinktweisheit des Orients zurück.«

Friedell irrte sich nur in der Definition der Instinkte. Wir sind nicht zur Instinktweisheit des Orients zurückgekehrt, sondern zu den Stammesinstinkten Afrikas.

C. W. Ceram verkündete 1960:

»Wir müssen uns darüber klar werden, daß wir im 20. Jahrhundert eine 5000jährige Epoche der Menschen, das Zeitalter der Klassischen Hochkulturen, abschließen. Was kommt, wird keine Analogie mit dieser Gruppe der Klassischen Hochkulturen mehr zulassen. Will man dennoch eine historische Analogie, so gilt diese: Wir befinden uns nicht, wie Spengler meint, in der römischen Situation zu Beginn des Abendlandes, sondern im Jahre 3000 vor Christi Geburt.«

Wir befinden uns nicht, wie Ceram meinte, im Jahre 3000, sondern im Jahre 30 000 vor Christi Geburt.

Höhlenmalerei
Süd-Rhodesien

Modulor
Le Corbusier

Stadtzeit ist Steinzeit

Ein Stadtzeitmensch verhält sich in
einem modernen Supermarkt
wie ein primitiver Jäger
und Sammler.

Der Stadtzeitmensch spinnt oder webt
nicht mehr. Er konsumiert
Kleidung wie erjagte Felle.

Der Stadtzeitmensch baut nicht mehr
individuell. Er bezieht und bewohnt
vorgefertigte Miethöhlen.

Kunst wird nicht mehr gemacht,
sondern konsumiert.

Ein Stadtzeitmensch verhält sich in einem modernen Supermarkt wie ein primitiver Jäger und Sammler

Unsere prähistorischen Vorfahren waren Fallensteller und Sammler. Sie zogen in Rudeln durch die Natur und sammelten, was sie fanden: Wurzeln, Pilze, Beeren und Kerbtiere. Ihre Nahrung bedurfte keiner besonderen Veredelung. Man aß die Dinge so, wie man sie fand. Wie bei den Buschmännern der Kalahariwüste wurden Feuer nur entzündet, wenn ein größeres Wild erbeutet worden war, das dann in der Glut halbgar gebraten wurde, bevor man es verschlang. Der Primitive, der ein Stück Wild in die Glut legt, handelt im Grunde nicht anders als ein Leopard, der seine Beute in die Sonne hängt, um sie mürber und damit verdaulicher zu machen.

Der Kulturmensch dagegen veredelt seine Nahrung. Er vermag Brot zu backen, Bier zu brauen, Käse herzustellen, Trauben zu vergären und kann tausend andere lukullische Kunststücke.

Noch zu Lebzeiten unserer Urgroßeltern wurde in jedem Landhaushalt – und das waren mit Abstand die meisten – Brot gebacken, gebuttert, geschlachtet, gewurstet, geräuchert, eingemacht und gepökelt.

Wenn jemand Appetit auf Hühnersuppe hatte, so mußte er ein Huhn schlachten, rupfen, ausnehmen und zubereiten. Die Beherrschung dieser Küchenkünste war für jede Hausfrau so selbstverständlich wie für uns Heutige Lesen und Schreiben.

Ein Stadtzeitmensch aber verhält sich in einem modernen Supermarkt wie ein primitiver Sammler.

Er sammelt in seinem Einkaufskorb, was er gerade findet und worauf er Appetit hat: Konserven, Tiefgefrorenes, Schnittkäse, bratfertige Fleischstücke, Suppenwürfel und Nescafé, lauter Dinge, die außer dem Aufwärmen keiner besonderen Nahrungsveredelung bedürfen. Er konsumiert die Dinge, so wie er sie findet. Wer weiß denn heute noch, wie man ein Schwein schlachtet, verwurstet und räuchert? Wer weiß noch, wie man Käse herstellt oder ein gesäuertes Brot backt? Dabei befindet sich diese Entwicklung bei uns erst in den Anfängen. Man rechnet damit, daß innerhalb der nächsten 15 Jahre 90 Prozent aller Nahrungsmittel in den Vereinigten Staaten tischfertig angeboten werden. Die vorpräparierten Gerichte werden dann mit Hochfrequenz-Automaten innerhalb von Sekunden gegart werden. Amerikanische Futuristen prophezeien bereits, daß es in den Wohnungen des nächsten Jahrtausends keine Küchen mehr geben wird. Das im Supermarkt Eingesammelte wird dann direkt am Eßplatz erwärmt.

Diese Nahrungsaufnahme ohne individuelle Veredelung erinnert an Futterpraktiken aus der Tierwelt, wie man sie beim Menschen nur bei den prähistorischen Primitiven antrifft.

Der Stadtzeitmensch spinnt oder webt nicht mehr. Er konsumiert Kleidung wie erjagte Felle

Unser vorgeschichtlicher Vorfahre kleidete sich mit den Pelzen und Häuten erlegter Tiere. Um nicht zu erfrieren, mußte er einem Bären das Fell über die Ohren ziehen. Er stellte seine Gewänder nicht her, sondern nahm, was sich anbot.

Der Kulturmensch pflanzte Flachs und machte Leinen daraus. Er webte, färbte und nähte.

Ein Bauernmädchen, das nicht spinnen konnte, oder eine Bürgersfrau, die nicht stricken, häkeln oder sticken konnte, war noch zu Anfang unseres Jahrhunderts fast undenkbar.

Der Stadtzeitmensch kann nicht mehr weben oder spinnen. Wenn er Kleidung benötigt, so geht er in ein Modegeschäft. (Hier wird *ihm* das Fell über die Ohren gezogen.) Der einzelne stellt seine Kleider nicht mehr her, sondern nimmt, was das Warenangebot ihm bietet. Auch hier betätigt sich der Stadtzeitmensch als Sammler. Er zieht durch die Geschäfte und pflückt die Dinge vom Wühltisch und von der Stange. Er konsumiert sie und sammelt neue, ohne produktiv oder veredelnd tätig zu sein.

Der Stadtzeitmensch baut nicht mehr individuell. Er bezieht und bewohnt vorgefertigte Miethöhlen

Die Menschen der Hochkulturen errichteten sich ihre Wohnbauten entweder selbst, wie die Bauern am Nil und am Euphrat, die ihre Lehmhäuser in Familiengemeinschaftsarbeit erbauten, oder sie riefen Architekten und Handwerker, die ihnen halfen, ihre eigenen Vorstellungen zu verwirklichen.

Bis zum Ende des vorigen Jahrhunderts bewohnten Bauern, Bürger und Adelige über Generationen das Haus ihrer Familie. Abraham sagte nicht: »Ich und meine Sippe«, sondern »Ich und mein Haus«. Unsere Großmutter kam nicht aus einer guten Familie, sondern aus gutem Hause. Familie und Haus waren eine untrennbare Einheit. Wenn man vom Untergang des Hauses Usher sprach oder vom Aufstieg des Hauses Habsburg, so meinte man beides.

Der Höhlenmensch baute nicht. Wer eine Wohnung wollte, mußte sich auf den Weg machen und sich eine Höhle suchen, in deren Umfeld er Wild fand. Und wenn es kein Wild mehr gab, so zog er weiter.

Der Stadtzeitmensch baut nicht. Wer eine Wohnung will, muß sich auf den Weg machen und sich eine Etagenhöhle suchen, in deren Umfeld er Arbeit findet. Und wenn es dort keine Arbeit mehr gibt, so zieht er weiter.

Miethäuser sind so beziehungslos wie Höhlen.

Eigentumswohnungen werden nicht mehr erbaut, sondern erworben wie Autos und Industrieaktien. Man benutzt und veräußert sie ohne innere Bindung.

Kunst wird nicht mehr gemacht, sondern konsumiert

Für alle Kulturmenschen war Kunst ein schöpferischer Vorgang, an dem sich jeder beteiligte. Musik konnte man nur hören, wenn jemand, der leibhaftig anwesend war, zur Gitarre griff, die Trommel schlug oder sang. Oper, Schauspiel oder Ballett konnte man nur erleben, wenn Mimen oder Tänzer da waren, die es vortrugen. Kunst war ein kostbares lebendiges Elixier, das alle Bereiche des Lebens durchdrang. Handwerker waren Künstler, und Künstler waren Handwerker. Jeder war irgendwie künstlerisch produktiv.

Der Stadtzeitmensch ist auch auf künstlerisch-kulturellem Gebiet auf die Stufe der Jäger und Sammler zurückgefallen. Er konsumiert Vorhandenes. Für den Preis einer Krawatte kann er sich die naturgetreue Kopie der Sixtinischen Madonna kaufen oder eine Tonbandkassette mit dem *Hallelujah* von Händel. Er musiziert nicht mehr, sondern sammelt Schallplatten. Nach Lust und Laune schiebt er sich vor dem Schlafengehen eine Videokassette ins Gerät und konsumiert eine griechische Tragödie, ein Hochamt aus dem Petersdom oder einen Western. Zu keiner Zeit waren so viele Kulturgüter archivarisch so leicht zugänglich geordnet und konserviert. In der Library of Congress in Washington beträgt die Länge der Bücherregale 435 Kilometer. Diese Bücherschlange wächst jedes Jahr um 17 000 Bände. In ähnlichem Übermaß werden Schallplatten, Filme, und Dias gehortet. Wir schaffen keine Kunstwerke mehr. Wir sammeln und konsumieren, worauf wir gerade Lust haben.

Hieroglyphe
Altägyptisch

Hunde verboten!
Zeitgenössisch

Mit der Schrift stirbt die Kultur

Ein Volk ohne eigene Schrift und ohne eigene
Architektur ist ein primitives Naturvolk.

Der Mensch der Gegenwart hat aufgehört,
schöpferischer Kulturträger zu sein.

Die Sprache ist der Spiegel der Stammesseele.

Programmierte Zeichen.

Die abstrahierende Übersetzung von
Wahrnehmungen und Gedanken.

Es steht geschrieben, das heißt:
Es ist unumstößlich wahr.

Je erlebnisfähiger der Leser, um so lebendiger
erwachen die abstrakten Zeichen zum Leben.

Bücher als Blumenersatz.

Sprechende Maschinen.

Die Schrift fällt dem Computer zum Opfer.

Die neue Bilderschrift.

Der Mensch spricht mit dem Herzen.

Die leuchtende Riesenschrift.

Die neuen Analphabeten.

Sprechblasen.

Was geschieht, wenn eine Hochkultur
nicht mehr liest?

Die Schrift und der log x.

Ein Volk ohne eigene Schrift und ohne eigene Architektur ist ein primitives Naturvolk

Die schwarzen Stämme Afrikas haben Sprachen entwikkelt, die an Klangfarbe und Ausdrucksreichtum nicht zu überbieten sind. Aber trotz – oder wegen? – dieser hohen Sprachbegabung haben die Schwarzen niemals eine eigene Schrift entwickelt.

Die unmittelbare Ausdruckskraft der afrikanischen Holzskulptur und der Felszeichnungen hat unser zeitgenössisches Kunsterleben tief beeinflußt. Das gilt in noch stärkerem Maße für die Musik. Aber erstaunlicherweise haben die Negervölker Afrikas niemals auch nur Ansätze einer eigenen Architektur entwickelt.

Schrift und Architektur stehen in geheimnisvoller Beziehung zueinander. Ein Volk ohne eigene Schrift und ohne bauliche Gestaltungskraft ist ein Naturvolk.

Der Mensch der Gegenwart hat aufgehört, schöpferischer Kulturträger zu sein

Eine halbe Million Jahre hat der Mensch in Höhlen gehaust. Dann begann er, seine Umwelt schöpferisch zu gestalten. Er baute.

Damit begann unsere Kulturgeschichte.

Jahrtausendelang hat der Mensch Steine gegen den Himmel getürmt, hat Fassaden und Räume geformt als sichtbare Projektionen seines Glaubens und seiner Ideale.

Diese Architekturen waren die genaue Umkehrung unserer heutigen Baukonstruktionen. Es kam nicht darauf an, daß sie wirtschaftlich und funktionell wie Maschinen waren, sondern, daß sie vollendete Gefäße für eine machtvolle Botschaft waren. Die Bauten von Ramses II. bis Ludwig XIV. waren gefrorene Ideen.

Der Mensch der Gegenwart hat diesen elementarsten Spiegel seiner Selbstdarstellung zerschlagen.

Damit aber hat er aufgehört, schöpferischer Kulturträger zu sein.

Wir Insassen von Wohnmaschinen und Inhaber von Reihenhauseinheiten, für die die Behausung eine Kapitalsanlage wie ein Goldbarren ist, haben zum größten Teil vergessen, daß das Haus ein Teil unseres innersten Wesens ist, unser Ursprung, unser Schicksal. Haus und Mensch sind eine untrennbare Einheit. Durch die Höhle, in der das Feuer brannte, wurden wir zu Menschen, und durch unsere Architekturen zu Kulturträgern der historischen Geschichte.

Menschen, die nur wohnen, ohne zu bauen, haben nicht Teil an dieser Gemeinschaft, weshalb Buschmänner und Pygmäen bis in die Gegenwart, wie der Neandertaler, Objekte der Evolutionstheorie und Anthropologie sind. Sie stehen außerhalb unserer Geschichte, wie die offizielle Bezeichnung ›Vorgeschichte‹ dokumentiert.

Die Sprache ist der Spiegel der Stammesseele

In einer ganzen Reihe von afrikanischen Sprachen gibt es bis zu acht verschiedene Bezeichnungen für ›Onkel‹, je nachdem ob es sich um einen Bruder des Vaters, der Mutter oder eines anderen Verwandten handelt. Welch ein fein nuancierter Reichtum an familiären Bindungen offenbart sich hier!

Auf den Salomoninseln gibt es neun verschiedene Wörter für eine Kokosnuß, je nachdem in welchem Reifestadium sie sich befindet. Es gibt mehrere Dutzend verschiedene Verben für die aufregendste aller Betätigungen, je nachdem wo und wie man sich umarmt.

In unseren armseligen (und noch dazu schlechten) Umschreibungen wie ›Beischlaf‹, ›Verkehr‹ und ›Verhältnis‹ offenbart sich die erschreckende Gefühlsarmut einer Zivilisation, die 240 Wörter für die Einzelteile eines Autos entwickelt hat, aber für so unterschiedliche elementare Emotionen wie Mutterliebe, sexuelle Liebe, Nächstenliebe und ›Liebe zum Detail‹ nur ein einziges Wort kennt. Hier sind wir primitiver als die Primitiven.

Programmierte Zeichen

Es gibt über 200 lebendige Alphabete auf unserer Erde. Die Zahl der Buchstaben unterscheidet sich von einer Sprache zur anderen erheblich. Während unser deutsches Alphabet 27 Buchstaben[1] beherbergt, enthält das russische 36, das hebräische 22 und das chinesische gar mehrere

[1] Der 27. Buchstabe ist das ß.

hundert. Wir schreiben von links nach rechts, Araber und Juden von rechts nach links und die Chinesen von oben nach unten.

Buchstaben sind zunächst abstrakte tote Zeichen. Sinnvoll werden sie erst, wenn wir sie mit einer Botschaft versehen. Wir zeichnen einen kleinen Kreis und sagen: Das ist ein O wie Otto. Ein Mathematiker würde vielleicht behaupten: Das ist eine Null. Er hat das gleiche Zeichen mit einer anderen Botschaft programmiert. Es gibt Bilderschriften, bei denen der Buchstabe einen Gegenstand oder eine Tätigkeit verkörpert. Wir besitzen eine Lautschrift. Die Buchstaben sind Träger von Lauten. Aneinandergereiht ergeben sie Sprache. Da aber auch Taubstumme – also Menschen, die weder sprachliche Laute erzeugen noch wahrnehmen können – zu lesen vermögen, so ist die Definition des Lautträgers eigentlich nicht richtig. Anfänger bewegen beim Lesen die Lippen. Sie übersetzen Geschriebenes in Sprache. Ein geübter Leser tut das nicht. Er nimmt den Inhalt einer Schrift direkt auf, ohne den Umweg über das gesprochene Wort, so wie ein geübter Rechner, der bei dem Rechenvorgang 21 : 3 direkt zur Lösung gelangt, ohne daß er »einundzwanzig geteilt durch drei« zu sich sprechen muß.

Die abstrahierende Übersetzung von Wahrnehmungen und Gedanken

Lesen und Schreiben sind für die Menschen unseres Kulturkreises so selbstverständlich geworden, daß niemand mehr darüber nachdenkt. In Wirklichkeit jedoch gibt es keine kompliziertere und vielschichtigere Leistung unserer Gehirnzellen als die abstrahierende Übersetzung von Wahrnehmungen und Gedanken in Schriftzeichen.

Es steht geschrieben, das heißt: Es ist unumstößlich wahr

Kultur ohne Schrift und Bücher ist nicht vorstellbar. Judentum, Islam und Christentum bezeichnen sich als ›Buchreligionen‹. »Es steht geschrieben« heißt hier: »Es ist unumstößlich wahr!«

In allen alten Kulturen traten Gesetze erst in Kraft, wenn sie niedergeschrieben waren. Eherne Gesetze, das waren Gebote, die man auf Tafeln aus härtestem Material verewigt hatte.

Je erlebnisfähiger der Leser, um so lebendiger erwachen die abstrakten Zeichen zum Leben

Menschen, die (noch) nicht lesen können, betrachten Bilder. Das bekannteste Beispiel sind die Bilderbücher unserer Kinder. Bis zum Beginn der Neuzeit, als die meisten Menschen unseres Kulturkreises noch nicht lesen konnten, spielten Bilder als vermittelnde Botschaft eine große Rolle, vom Heiligenbildchen bis zur illustrierten Jahrmarktsmoritat. Noch die Drucke Gutenbergs waren vor allem Bilddrucke, Flugblätter mit allen möglichen Greueln und Wundern. Beliebtes Thema war der bevorstehende Weltuntergang und das Jüngste Gericht mit allen sadistischen Martern der Hölle.

Aber auch gezeichnete oder gemalte Bilder sind immer nur Abkürzungen. Auch das Betrachten von Bildern bedarf eines abstrahierenden Denkprozesses. Das Erkennen eines bewegungslosen körperlichen Gegenstandes auf einer Fläche, einem Blatt Papier oder einer Leinwand setzt ganz bestimmte übersetzende Fähigkeiten voraus, die bis auf den Menschenaffen keinem Tier gegeben sind und die sich der Mensch erst im Laufe seiner ersten zwei Lebensjahre erwerben muß.

Ein Kleinkind muß aus eigener Kraft eine Menge Phantasie entwickeln, damit die abgebildete Mickymaus – ein flächiges Kunstprodukt, das es in der Natur gar nicht gibt – lebendig wird, umherspringt und spricht. Es benötigt die gleichen Vorstellungskräfte, die ein erwachsener Leser aufbringen muß, damit sich die Personen eines Romans in Fleisch und Blut verwandeln. Je erlebnisfähiger und schöpferischer der Betrachter oder der Leser ist, um so leuchtender werden die abstrakten Zeichen vor seinem geistigen Auge zum Leben erwachen.

Kein Tier kann das.

Eine Ente erlebt das, was sie in der Realität als Bewegungsablauf wahrnimmt. Sie vermag sich eine vermenschlichte Mißgeburt wie Donald Duck nicht vorzustellen. Ohne den Umweg der gehirnlichen Abstrahierung konsumiert sie visuelle Ereignisse. Und genau das tut auch ein Fernseh- oder Filmbetrachter. Er übersetzt nicht mehr Buchstaben und Bildmetaphern. Seine Phantasie erweckt nicht mehr Symbole zum Leben. Er konsumiert Bewegungs- und Tonabläufe, je realistischer, um so besser.

Boccaccios Novellen oder Renoirs Akte hätten die erotische Phantasie eines Neandertalers ganz gewiß nicht beflügelt. Aber ein handfester Pornofilm wäre auch ihm unter die behaarte Haut gefahren.

Das gleiche gilt für unsere Action-Movies, in denen man nichts mehr der Phantasie überläßt, nicht einmal mehr die uralte Frage, wie es nach dem Happy-End oder dem tragischen Schluß wohl weitergeht, denn da läuft auf einem anderen Kanal schon der nächste Thriller.

Bücher als Blumenersatz

Die Freude am Lesen nimmt in dem gleichen Maße ab, wie der Fernsehkonsum zunimmt. Daß dennoch so viele Bücher gekauft werden, liegt vor allem daran, daß die meisten wie Blumen verschenkt werden, ohne daß sie jemand liest. Bücher sind nicht nur preiswert und dekorativ, sie zeugen auch vom geistigen Niveau des Schenkenden und des Beschenkten. Der Schenkende wertet sich durch die Auswahl auf, und der Beschenkte fühlt sich geschmeichelt, daß man ihm zutraut, solche Bücher zu lesen.

Realistischer sind da die Statistiken der öffentlichen Leihbüchereien, aus denen hervorgeht, daß immer weniger Jugendliche lesen. In den westlichen Ländern geben Teenager zwölfmal mehr Taschengeld für Schallplatten aus als für Bücher. Die Zukunft gehört den Videokassetten und den Bildschirmen.

Sprechende Maschinen

Immer beliebter werden sprechende Maschinen: Autos, die den Fahrer darauf hinweisen, daß er vergessen hat, sich anzuschnallen, oder eine Kamera, die den Fotografierenden mit menschlicher Stimme warnt, wenn die Belichtung nicht stimmt. Man erspart sich das Lesen der Gebrauchsanweisung.

Die Schrift fällt dem Computer zum Opfer

Es gibt bereits Schreibmaschinen, in die man hineinspricht. Die Sprache wird in Schrift übersetzt. Damit diese Geräte fehlerfrei funktionieren, müssen wir jedoch unsere Orthographie vereinfachen. Die Maschine schreibt bei dem Klang x immer x, auch im Falle von Klecks und Wachs. Unsere über Jahrhunderte gewachsene Schriftsprache fällt dem Computer zum Opfer.

Die neue Bilderschrift

Auf allen Gebieten des täglichen Lebens sind die Bilder auf dem Vormarsch. Unsere Verkehrsschilder sind ausnahmslos Symbole. Das gilt auch für die meisten internationalen Wegweiser und Hinweise.

Ein Flugzeug führt zum Airport, ein Ball zum Stadion und ein kleiner Elefant zum Zoo. Eine durchgestrichene Zigarette verkündet: Rauchen verboten! Ein durchgestrichener Fuß heißt: Betreten verboten! Hunde werden durchgestrichen, Bananenschalen, Kinder und Kofferradios. Löffel und Gabel werben für ein Restaurant, ein Kreuz für eine Kirche. An der Tür, wo früher ›Herren‹ oder ›Damen‹ stand, weisen kleine Männchen und Frauchen den Weg. Allein in Deutschland gibt es über 800 genormte Sprechbilder für kreuzende Kühe, herabstürzendes Gestein, Starkstrom und Rattengift.

Mehrere Dutzend gibt es allein für alle olympischen Sportarten vom stilisierten Boxer bis zur Hammerwerfer-Hieroglyphe.

An diesen Bildern vermag sich jeder Analphabet, selbst in einem fernen Land mit einer fremden Sprache, so unmittelbar zu informieren wie die Hunde an den Duftnoten ihrer Artgenossen.

Der Mensch spricht mit dem Herzen

In dem Buch *Die vorgeburtliche Entstehung der Sprache als anthropologisches Problem* von Günter Clauser steht der Satz: »Das menschliche Stimmband stammt nicht wie das der Säugetiere von der Skelett-, sondern von der Herzmuskulatur ab. Dies macht die starke Abhängigkeit der Stimme und Sprache vom Affekt verständlich. Auch die muskulären Organe der Mundhöhle und die Muskeln des inneren Ohrs zeigen als einzige extracardiale Organe Bauelemente, die der Herzmuskulatur gleichen.«

Die Buschmänner sagen: »Der Mensch spricht und hört mit dem Herzen.«

Unsere Forschung entdeckt ganz allmählich das Wissen von gestern. Vor uns liegt die Vergangenheit.

Die leuchtende Riesenschrift

So wie die mittelalterliche Stadt vom Dom überragt wurde, so werden unsere Großstädte von der Werbung beherrscht. Wir sind an die bunten Buchstaben und Bilder so gewöhnt, daß wir sie wie die Blätter eines Waldes kaum noch wahrnehmen. Eine nächtliche City aber ohne Leuchtreklame oder eine Geschäftsstraße ohne ihre unzähligen Plakate, Schriften und Schaufensterwerbungen ist so undenkbar wie eine alte Stadt ohne Kirche.

Dieser Vergleich ist gar nicht so abwegig, denn die imaginäre Traumwelt der Reklame hat mit der Realität so wenig gemeinsam wie die Religion. Beide sind idealisierte Visionen einer heilen Wunschwelt.

Welchen kulturellen Stellenwert die Reklame in unseren stadtzeitlichen Stammesterritorien hat, erkennt man am deutlichsten an der Tatsache, daß an der Werbung einer Zigarettenmarke oder eines Waschmittels mindestens so viele kreative Geister arbeiten wie seinerzeit beim Bau einer Barockkapelle.

Nirgendwo sonst in unserer Zeit sind Schrift und Bild eine so harmonische Verbindung eingegangen.

Die neuen Analphabeten

In dem mächtigsten und fortschrittlichsten Land der Erde, den Vereinigten Staaten, spricht man bereits von einem Bildungsnotstand. Eine statistische Untersuchung aus dem Jahre 1984 hat festgestellt, daß mindestens 30 Millionen erwachsene Amerikaner »funktionelle Analphabeten«

sind. Sie sind nicht in der Lage auf eine Zeitungsanzeige zu antworten oder eine Gebrauchsanweisung auf einem technischen Gerät zu lesen.

Sprechblasen

Die Comics sind auf dem Vormarsch. Mickymaus und Asterix haben die Erde erobert. Ihre Fans lesen nicht mehr Schrift, sondern ›Sprechblasen‹.

Deutlicher läßt sich der Sieg der Bilder und der Sprache über die Schrift nicht dokumentieren.

Was geschieht, wenn eine Hochkultur nicht mehr liest?

Wir wissen, was passiert, wenn eine elektrische Lampe nicht mehr mit Strom gespeist wird.

Was aber geschieht, wenn eine Hochkultur nicht mehr liest?

Die Schrift und der log x

Mit dem Lesen und dem Schreiben wird es unseren Enkeln so ergehen wie uns mit den Logarithmen. Wir haben zwar irgendwann in der Schule mal gelernt, wie das Ganze funktioniert, aber ohne unseren elektronischen Taschenrechner ist niemand mehr in der Lage, einen log x zu ziehen.

Bambusgravur
Neubritannien

Sprayer
Berlin, 1984

Die bunten Bilderbücher

Wie lange bleibt ein Mensch normal, der mit den irresten Wahnvorstellungen konfrontiert wird?

Von der Hexenverbrennung zum Holocaust.

Auschwitz war ein Aufbruch ins Neandertal.

Der Kulturbegriff des Fernsehens orientiert sich nicht nach oben, sondern nach unten.

Ein Mensch, der liest, denkt.

Mutter, was ist ein Buch?
Die Nebenbeschäftigung, die keine mehr ist.

Macht das Fernsehen aus Kindern lauter kleine Erwachsene?

Die Zukunft gehört den smarten Typen.

Vielleicht ist es eine neue verdammte Religion?

Vom Schriftgelehrten zum Showmaster.

Die größte Gehirnwäsche aller Zeiten.

Die Ideale der Aufklärung wurden durch die Massenmedien verraten.

Medien als Macht im Staat zerstören die Demokratie.

Die Diffamierung des Erfahrungsschatzes.

Wie lange bleibt ein Mensch normal, der mit den irresten Wahnvorstellungen konfrontiert wird?

Lesen erfordert Anstrengung. Man muß denken.

Anders verhält es sich beim täglichen Fernsehkonsum. Der rasche Wechsel von Fiction und Nonfiction, das Halbdunkel zwischen den Vorführungen und die mühelose Wahrnehmung verwischen im Unterbewußtsein alle Grenzen zwischen der Realität und der Phantasie. Für viele Stadtzeitmenschen sind Fernsehen und Video bereits Realitätsersatz. Hierbei geht es vor allem um die Befriedigung der stammesgeschichtlich ältesten Urtriebe: Angst, Gewalt und Sex. Bei dem filmischen Überangebot müssen die farbigen Bewegungseindrücke immer brutaler und geiler werden, um das Publikum bei der Stange zu halten.

Es ist eine offene Frage, wie lange die geistigen Funktionen eines Menschen normal bleiben, wenn er täglich zur Entspannung mit den irresten Wahnvorstellungen überflutet wird. Es ist bekannt, daß andauernde paranoide Spannungszustände irreparable psychopatische Schäden verursachen. Vielleicht liegt in der Umgangssprache unserer Jugendlichen viel mehr Wahrheit, als uns bewußt ist, wenn sie sich gegenseitig als ›irre Typen‹ bezeichnen oder als ›Fans‹, eine Abkürzung für Fanatiker.

Es wäre nicht das erste Mal im Verlauf unserer Geschichte, daß neue Medien das erträgliche Maß unserer Wahnvorstellungen überfordern. Wozu der tägliche Rückfall in angstgeschürtes Dunkel oder die Flucht aus der Ratio fähig ist, erkennt man an der Hexenverfolgung.

Von der Hexenverbrennung zum Holocaust

Im Jahre 1486 erschien in Köln *Der Hexenhammer*, ein widerwärtiges, Angst erzeugendes Machwerk. Vermutlich wäre dieser sadistische Psycho-Schocker heute längst in Vergessenheit geraten, wenn nicht kurz zuvor der Buchdruck erfunden worden wäre. Mit Hilfe des neuen Massenmediums wurde *Der Hexenhammer* zum meistgedruckten Buch seiner Zeit.

So gewiß, wie die Hexenverbrennungen ohne den Buchdruck nicht stattgefunden hätten, so gewiß wären uns auch die Judenvergasungen des 20. Jahrhunderts erspart geblieben ohne die Erfindung des neuen Massenmediums Rundfunk. Zum erstenmal in der Geschichte der Menschheit besaß ein Politiker die Macht, über Zehntausende von Radios gleichzeitig und live zu seinem Volk zu sprechen. Alle Politiker vor Hitler hatten abgesehen von Ansprachen in kleinerem Kreis immer nur durch Schriftstücke zu ihrem Volk ›geredet‹. Hitler war der erste, der ohne den Umweg über die abstrahierende gehirnliche Übersetzung direkt und persönlich mit eigener Stimme zu jedem Deutschen sprach. Das Resultat ist uns bekannt.

Die Tatsache, daß es das Massenfernsehen bereits seit einer Generation gibt, ohne daß das neue Medium vergleichbares Unheil angerichtet hat, besagt gar nichts. Jede Seuche hat ihre eigene Inkubationszeit. Bei der Grippe dauert sie nur wenige Stunden, bei AIDS dagegen mehrere Jahre.

Auschwitz war ein Aufbruch ins Neandertal

Sowohl bei der Hexenverbrennung als auch bei der Judenvernichtung handelt es sich nicht um kriegerische Unternehmen, sondern um magische Säuberungen, um Teufelsaustreibungen und um die Läuterung einer mythischen Elite. Kriege sind Erfindungen der großen Kulturen. Aber Hexenverbrennungen und Holocaust sind dem Tabu verhaftet, dem Urelement des Stammesrituals.

Warum für einen Primitiven bestimmte Plätze und Tiere bei Todesstrafe tabu sind, entzieht sich genauso jedem logischen Verständnis, wie die Forderung, daß bestimmte unbescholtene Mädchen und Mitbürger verbrannt werden müssen.

Auschwitz war ein Aufbruch ins Neandertal. Inquisition und Endlösung waren Spähtrupps einer Vorhut beim großen Exodus aus unserer Kulturgeschichte.

Vor uns liegt die Stadtzeit!

Der Kulturbegriff des Fernsehens orientiert sich nicht nach oben, sondern nach unten

Seit der Erfindung der Buchdruckerkunst wird unsere Kultur durch Medien geprägt. Medien sind geistige Massenverkehrsmittel, die uns die kostbaren Phänomene der Kultur frei Haus liefern. Sie machen allen Menschen zugänglich, was sonst nur wenigen vorbehalten bliebe. Das gilt sowohl für den Buchdruck als auch für das Fernsehen. Aber das ist auch schon ihre einzige Gemeinsamkeit. Zwischen Buch und Bildschirm liegen geistige Welten. Das

Buch vermittelt Elitekultur. Ungebildete, Analphabeten und Kinder im Vorschulalter sind von vornherein ausgeschlossen. Das gilt bis in die Gegenwart, nicht zuletzt auch deshalb, weil die Mehrzahl aller Publikationen Fachbücher sind, die nur von einem kleinen vorgebildeten Kreis gelesen und verstanden werden.

Das Angebot des Fernsehens muß sich an der breiten Masse orientieren, auch an Ungebildeten, Analphabeten und Kindern. Denn auch der Dümmste soll seine helle Freude an der bunten Schau haben. Schließlich sind abendfüllende Unterhaltungsfilme, Massenshows und Serien in ihrer Herstellung so teuer, daß sich die Produktion erst bei hohen Einschaltquoten und weltweitem Vertrieb rentiert. Programme, die von der Werbung finanziert werden, sind darauf angewiesen, von möglichst vielen Zuschauern gesehen zu werden. Das kann aber nur erreicht werden, wenn die Ware so leicht verdaulich serviert wird, daß sie sowohl den alten Vater eines amerikanischen Akademikers anspricht als auch die jüngste Tochter eines afrikanischen Hilfsarbeiters. Der Kulturbegriff des Fernsehens orientiert sich nicht nach oben, sondern nach unten.

Dieter Stolte, Intendant des Zweiten Deutschen Fernsehens, behauptete: »Das Fernsehen hat die Chance, aus Minderheiten Mehrheiten zu machen.« Er meint: Der Bildschirm degradiert Eliten zu Massen, und er fährt fort: »Wir zielen nicht auf eine Elitekultur, sondern auf eine Alltagskultur.«

Dem ist nichts hinzuzufügen.

Ein Mensch, der liest, denkt

Die mediengerechte Umwandlung aller existierenden Kulturgüter durch das Fernsehen macht den Kunstgenuß so leicht bekömmlich wie eine Schaumspeise.

Mehrbändige Werke der Weltliteratur werden zu Appetithäppchen kondensiert. Zeichentrickfilme verwandeln schwerverdauliche Denkstrukturen in Kinderkost. Das Fernsehen verlangt keine besonderen Fähigkeiten, aber es entwickelt auch keine besonderen Fähigkeiten. Und das ist um so schlimmer, wenn man bedenkt, daß die Mehrzahl aller Menschen den größten Teil ihrer Freizeit vor dem Bildschirm verbringt. Muskelzellen, die nicht beansprucht werden, verkümmern. Das gilt auch für Gehirnzellen.

Ein Mensch, der liest, denkt; einer, der fernsieht, döst und ist nicht unbedingt bei der Sache. Er kann sich gleichzeitig anderweitig unterhalten oder zwischendurch mal einnicken und fühlt sich trotzdem unterhalten, so wie ein Steinzeitmensch, der aus seiner Höhle hinaus in die Ferne glotzt, täglich und unabhängig davon, was läuft. Was anderes soll er in seiner Freizeit auch tun?

Mutter, was ist ein Buch?

Auf die Frage: »Mutter, was ist ein Buch?« wird in wenigen Jahren die Antwort lauten: »Das sind diese Dinger, aus denen die Filme gemacht werden.«

Die Nebenbeschäftigung, die keine mehr ist

Im statistischen Mittel verbringt jeder Amerikaner pro Jahr mehr als 1000 Stunden vor dem Fernsehgerät. Es gibt nur zwei Beschäftigungen, für die der Stadtzeitmensch mehr Zeit opfert: Arbeiten und Schlafen. So elementare Tätigkeiten wie Essen, Sex, Bewegung, Gespräche, Lernen oder Nachdenken sind längst vom Fernsehen überholt worden. Es handelt sich hier nicht mehr – wie manche meinen – um eine Nebenbeschäftigung, sondern um *die* Hauptbeschäftigung schlechthin. Ein durchschnittlicher Fernsehkonsument verbringt mehr Zeit vor seinem Gerät als ein Student hinter seinen Büchern. Mit dem gleichen Aufwand an Zeit könnte man ein Medizinstudium absolvieren oder eine Fremdsprache perfekt erlernen.

Nie zuvor in unserer Geschichte hat ein so großer Teil der Menschheit so viel Zeit für eine so banale Sache geopfert, wie sie uns täglich vom Fernsehen vorgesetzt wird: welches Waschmittel für das Glück der Hausfrau verantwortlich ist oder wer in ›Dalli-Dalli‹ gewonnen hat.

Macht das Fernsehen aus Kindern lauter kleine Erwachsene?

Professor Neil Postman, Fachmann für Medien-Ökologie, bemerkt in seinem Buch *Das Verschwinden der Kindheit:* »Wohin man auch blickt, überall muß man feststellen, daß sich Verhalten, Sprache, Lebenseinstellung und Wünsche von Erwachsenen und Kindern immer weniger voneinander unterscheiden.«

Erwachsene und Kinder kleiden sich gleich mit Tennisschuhen, Jeans und T-Shirts. Sie begeistern sich an den gleichen Spielen, wie Spielautomaten, Videocomputern und Mannschaftssport. Und sie sehen die gleichen Fernsehprogramme.

Neil Postman stellt sich die Frage: »Macht das Fernsehen aus Kindern lauter kleine Erwachsene?«

Nein, das Fernsehen macht aus Erwachsenen lauter kleine Kinder, primitive Naturkinder.

Die Zukunft gehört den smarten Typen

Von Ramses bis Roosevelt hatten die Mehrzahl aller Untertanen keinen direkten Kontakt mit ihren Staatslenkern. Sie sahen ihre Führer nur gelegentlich und dann aus weiter Ferne.

In einem Stamm ist der Häuptling ständig anwesend. Jeder kennt ihn aus nächster Nähe. Er muß sich visuell behaupten. Seine persönliche Ausstrahlung ist wichtiger als sein politisches Konzept.

Das Fernsehen degradiert unsere Politiker zu Stammeshäuptlingen. Ein dickes unansehnliches Genie wie Winston Churchill hätte heute keine Chance mehr, Premierminister zu werden. Die Zukunft gehört den smarten Typen aus Hollywood, den Ronald Reagans und Yves Montands.

Vielleicht ist es eine neue verdammte Religion?

Das Fernsehen durchdringt unsere Kultur so sehr, daß der bereits zitierte Medien-Ökologe Neil Postman die Frage aufwirft: »Vielleicht ist es eine neue verdammte Religion?«

Wie definiert man eine Religion?

Religionen unterscheiden sich von Wissenschaften, Ideologien und Philosophien vor allem dadurch, daß sie keine rationellen Inhalte transportieren.

Dann ist das Fernsehen eine Religion.

Vom Schriftgelehrten zum Showmaster

Wer Wissen vermittelte, wurde auch immer als Autorität anerkannt. Das gilt sowohl für die antiken Philosophen als auch für unsere Universitätsprofessoren.

Das Fernsehen ist von jeder wissensvermittelnden Autorität so weit entfernt wie ein Showmaster von einem Schriftgelehrten.

Die größte Gehirnwäsche aller Zeiten

Wenn in der Vergangenheit Regierungen gestürzt wurden, so stürmte man immer erst den Palast oder die Parteizentrale. Heute werden als erstes die Rundfunk- und Fernsehsendestationen besetzt, und das mit Recht.

Das Fernsehen verfügt über Macht, von der die Tyrannen der Vergangenheit nicht einmal zu träumen wagten.

Seine Möglichkeiten, Sachverhalte zu verschleiern, zu beschönigen oder zu verzerren, sind schier unbegrenzt. Allein die gezielte Auswahl der Themen und Nachrichten – was soll der Zuschauer sehen? – ist eine propagandistische Meinungsmanipulation ohnegleichen. Die gezielte unterschwellige tägliche Beeinflussung auf alle Lebensbereiche ist die größte Gehirnwäsche aller Zeiten.

Die Ideale der Aufklärung wurden durch die Massenmedien verraten

Höchstes Ideal der Aufklärung war ein wacher Verstand, unabhängig von fremder Beeinflussung und Lenkung. Buchdruck und Zeitung wurden als Instrumente der Befreiung gefeiert. Das Gegenteil ist eingetreten. Noch nie wurde der Verstand so ferngesteuert wie durch die Massenmedien. Noch nie wurde er so sehr seiner Selbständigkeit beraubt.

Professor Karl Steinbuch schreibt: »Wir werden zwar in unserer Zeit viel mehr informiert als unsere Vorfahren, aber dieses ›mehr‹ bringt kein besseres Verständnis unserer Wirklichkeit, keine vernünftigeren Urteile und kein besseres Handeln, sondern vor allem mehr Selbsttäuschung, Verführung und Verrückheit.«

Seltsamer-, aber nicht zufälligerweise sind das die gleichen Worte, die Laurens van der Post bei der Beschreibung eines kultischen Trommeltanzes der Buschmänner verwendet: »Self-delusion, seduction and ecstasy.«

Medien als Macht im Staat zerstören die Demokratie

Die Demokratie beginnt bei den Medien. Medien sind Dienstleistungsbetriebe. Ihre Aufgabe ist die korrekte Wiedergabe des Geschehens. Medien als Macht im Staat zerstören die Demokratie, denn freie Wahlen sind sinnlos, wenn die Meinungen vorher verantwortungslos manipuliert werden. Die Meinungsmache der Massenmedien geschieht mit großindustriellen Methoden. Politische Richtungen werden festgelegt, die die meisten gar nicht gehen wollen. Kunststile und Ideologien werden hochgejubelt, die die meisten ablehnen. Fortschritte werden uns eingeredet, die sich in Wahrheit als Rückschritte erweisen. Dabei ist die Schlagzeile wichtiger als die Wahrheit, die Einschaltquote erstrebenswerter als das Allgemeinwohl.

Die Tongas in Moçambique erzählen sich das Märchen von der großen Trommel, die sich wie der Besen in Goethes *Zauberlehrling* selbständig macht. Die Menschen verfallen ihrem aufpeitschenden Tam Tam.

Die Sensation wird zum Totentanz.

Die Diffamierung des Erfahrungsschatzes

Woher nahmen die Menschen ihre notwendigen Orientierungshilfen, als es noch keine Massenkommunikation gab? Sie orientierten sich an den Erfahrungen anderer Menschen, die sich in ähnlicher Lage befunden hatten. Die traditionellen Überlieferungen waren ein ungeheurer Erfahrungsschatz. Mit der Diffamierung der Geschichte und ihrer Traditionen wurde dem Menschen das Vertrauen in das bewährte Erfahrungsreservoir genommen.

Die Bantus sagen: »Wer die Ahnen vergißt, vergißt auch Gott und sich selbst.«

Wir müssen wieder von unseren primitiven Brüdern lernen.

Phallusmetapher
Nord-Moçambique

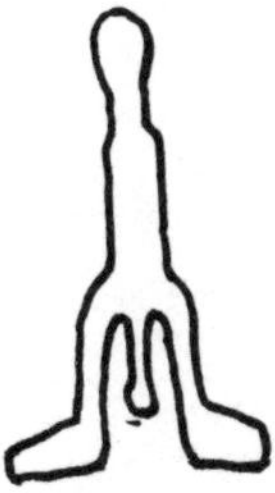

Fußmetapher
Joan Miró

Die Wiedergeburt der Barbarei

Das blutige Schlaraffenland.

Der Massenmord, der die Welt veränderte.

Die meisten zukünftigen Probleme lassen sich mit dem ethischen Erbe der Klassischen Hochkulturen nicht lösen.

In den neuen Stammesgesellschaften regiert der Computer.

Wir befinden uns in einem völlig neuen Aggregatszustand.

Individualismus als historisches Kuriosum.

80 Prozent aller Menschen werden in Multimillionenstädten leben.

Vor uns liegen Probleme, die innerhalb der kurzen Zeitspanne, die uns zur Verfügung steht, unlösbar sind.

Die kritische Masse.

Das Fieber verursacht die Krankheit.

Die guten Sitten.

Kultur macht frei.

Der Asphaltdschungel.

Das blutige Schlaraffenland

Noch niemals zuvor haben so viele Menschen so sorglos gelebt, so viel und so gut gegessen, so behaglich gewohnt, mit so viel Freizeit und so viel ärztlicher Versorgung, mit so viel Zerstreuung und Unterhaltung. Im Vergleich mit der Vergangenheit haben die letzten Jahrzehnte uns alle zu Königen gemacht. Wir fahren in eigenen Autos, fliegen in ferne Länder, um dort unseren Urlaub zu verbringen. Wir leben nicht nur besser, sondern auch länger. Wer 1885 geboren wurde, hatte ein Leben von 50 Jahren vor sich. Ein heutiges Baby hat eine statistische Lebenserwartung von mehr als 70 Jahren. 20 Lebensjahre – welch ein Geschenk!

Kann man in solch einer goldenen Ära vom Rückfall in die Barbarei sprechen?

Ob man unsere Epoche einmal die ›goldene‹ nennen wird, ist ungewiß, aber eines steht fest: es gab nie eine blutigere. Wir leben in einem Jahrhundert beispielloser Menschenverachtung und perfektester Zerstörung. Nie gab es furchtbarere Weltkriege und blutigere Weltrevolutionen. Kriege haben mehr als 100 Millionen Menschen getötet und mehr als 200 Millionen verstümmelt. Unzählige wurden vertrieben. Aber nicht nur der Krieg, auch und vor allem der Frieden hat sich in ein menschenfressendes Monster verwandelt. Allein im letzten Jahr hat das Auto mehr als eine Million Menschen gemordet und drei Millionen zu Krüppeln gemacht.

Der Massenmord, der die Welt veränderte

Am 6. August 1945 wurde die Atombombe über Hiroshima gezündet. Ein Massenmord veränderte die Welt.

Nicht die enorme Zahl der Toten und die noch nie dagewesene Zerstörungskraft verursachten diesen Wechsel. Neu war die schrankenlose brutale Macht, die diese Waffe ihren Besitzern verlieh. Neu war die vollständige Schutzlosigkeit ihrer Opfer. Der Krieg wurde endgültig zum totalen Massenmord ohne Rücksicht auf Frauen, Kinder, Alte und Kranke. Er vernichtete alles Leben, auch Würmer, Vögel, Fische und Pflanzen. Dieser gigantische Vernichtungswahn entsprang nicht dem kranken Hirn eines gewissenlosen Diktators. Er war das sorgfältig geplante Resultat von hochbegabten, zivilisierten, friedliebenden Wissenschaftlern und wurde von seinen Urhebern als Triumph des Fortschritts gefeiert.

In Hiroshima starben die Ideale des Humanismus und der Aufklärung. Die Menschheit hat den gewissenlosen Tötungsreflex des Höhlenmenschen wiederentdeckt. Die Perfektion, mit der das geschah, berechtigt zu den schlimmsten Befürchtungen.

Die meisten zukünftigen Probleme lassen sich mit dem ethischen Erbe der Klassischen Hochkulturen nicht lösen

Das Erlöschen der Hochkulturen und die Wiedergeburt eines neuen Stammes-Existentialismus bedeuten keineswegs den Verlust unserer technischen wissenschaftlichen

Überlegenheit. Im Gegenteil, jetzt wird es erst richtig losgehen, denn die meisten der vor uns liegenden Probleme, lassen sich mit dem geistigen Erbe der Klassischen Hochkulturen nicht lösen. Die außer Kontrolle geratene Bevölkerungsexplosion kann mit humanistischer Ethik und christlicher Tradition nicht mehr gestoppt werden. Dazu bedarf es neuer, barbarischer, primitiver Kräfte. Denn das alte Argument der Eugeniker, daß es idiotisch ist, Hunde und Pferde einer Zuchtauswahl zu unterwerfen, nicht aber den Menschen, ist in dem Augenblick richtig, in dem es nicht mehr von traditionellen, moralischen Skrupeln belastet wird.

Alle Bantuvölker Afrikas und die alten Beduinenstämme der Sahara töteten und töten nicht nur ihre Früh- und Mißgeburten, sondern aus bevölkerungspolitischen Einsichten auch einen großen Teil ihrer unerwünschten weiblichen Nachkommen und alle Mehrlingsgeburten. Bis in die Gegenwart findet man außer in den großen Städten und im Schatten der Missionsstationen keine Zwillinge oder gar Drillinge. Trotz der sprichwörtlichen Kinderliebe der Naturvölker empfindet, ähnlich wie bei der modernen Abtreibung, niemand Mitleid mit den kleinen zum Tode Verurteilten. Sie werden nackt und schutzlos in die Sonne gelegt, wo sie geblendet und von Durst gepeinigt verbrennen.

In den neuen Stammesgesellschaften regiert der Computer

Ein Computer ist reiner Intellekt.

Auch in den neuen Stammesgesellschaften wird sich der Intellekt auf Kosten der seelischen Kräfte entwickeln. Mitleid mit Alten, Krüppeln und Feinden der Gesellschaft wird es in den neuen Stadtzeit-Gemeinschaften nicht mehr geben, weil diese kostspieligen Emotionen nicht den Forderungen der Vernunft entsprechen.

Dort, wo die menschliche Natur nicht auf Emotionen zu verzichten vermag, wird man sie durch Suchtstoffe und Sex abreagieren.

Wir befinden uns in einem völlig neuen Aggregatszustand

Bei Wasser denkt jedermann an eine Flüssigkeit. Warum eigentlich? Wasser ist nur auf dem schmalen Grat zwischen 0 und 100 Grad flüssig. Darunter ist es hart und fest, und darüber ist es ein flüchtiges Gas. Trotzdem denkt jedermann bei Wasser an eine Flüssigkeit. Wir haben uns an diesen vertrauten Zustand gewöhnt. Ähnlich ergeht es uns mit unserer Geschichte. Unsere kulturgeschichtliche Existenz empfinden wir als so selbstverständlich wie die flüssige Existenz des Wassers.

Wir haben es nicht wahrgenommen, daß wir bereits unter den Nullpunkt gefallen sind und uns in einem völlig neuen Aggregatszustand befinden.

Das soll durchaus kein Werturteil sein. Eis ist nicht besser oder schlechter als Wasser. Aber es ist mehr als nur kaltes Wasser. Es ist ein völlig neuer Zustand.

Individualismus als historisches Kuriosum

Der historische Baumensch, der *homo domesticus,* hat aufgehört zu existieren. An seine Stelle tritt die neue Massengesellschaft der Termitenstadt.

Die globale Stadtlandschaft der Zukunft ist etwas ganz anderes als die Stadt der Vergangenheit.

Für Privatleben im selbsterbauten Haus auf eigenem Grundstück wird in diesen Multimillionen-Stadtkonglomeraten kein Platz mehr sein. Individualismus als Lebensform von elitären Einzelgängern, wie er in Griechenland entstand, während der Renaissance kulminierte und sich bis in die Gegenwart hielt, wird für unsere Enkel nur noch ein historisches Kuriosum sein.

80 Prozent aller Menschen werden in Multimillionenstädten leben

Wenn sich unsere Städte nicht ausdehnen würden, sondern bei ihrer gegenwärtigen Größe verharrten, so müßten wir innerhalb von zehn Jahren alle bestehenden Multimillionenstädte noch einmal bauen, ein neues Tokio, ein neues Kalkutta, ein neues Mexiko. Die Menschheit wächst täglich um eine Viertelmillion. Selbst Weltkriege vermögen diese Lawine nicht mehr zu bremsen. Während des letzten Krieges starben 52 Millionen Menschen. In der gleichen Zeit nahm die Erdbevölkerung um 150 Millionen Seelen zu.

Man schätzt, daß die Gesamtbevölkerung der Erde vor 4000 Jahren nicht mehr als die Hälfte des heutigen Tokio betrug. Um 1850 erreichte sie die Milliardengrenze. 1930 lebten zwei Milliarden auf der Erde. Zur Zeit sind es vier. Im Jahre 2000 werden es sieben sein. Und im Jahre 2080, also nicht einmal 100 Jahre nachdem dieses Buch geschrieben wurde, wird es 25 Milliarden Menschen geben. 80 Prozent aller Menschen werden dann in Millionenstädten leben, denen gegenüber unsere derzeitigen Weltstädte dörflich erscheinen.

Vor uns liegen Probleme, die innerhalb der kurzen Zeitspanne, die uns zur Verfügung steht, unlösbar sind

Wenn diese Entwicklung ungestört weiterläuft, so wird sie nicht nur unsere Gesellschaft, sondern die gesamte Erde innerhalb einer Generation verändern. Wenn diese Entwicklung aber gestoppt werden soll, so bedarf es dazu gewaltiger einschneidender Ereignisse, einen Atomkrieg oder globale Katastrophen, die unsere zukünftige Existenz ganz drastisch verändern würden. Die Bevölkerungslawine konfrontiert uns mit Problemen, die innerhalb der kurzen Zeitspanne, die uns verbleibt, völlig unlösbar sind.

Wir haben eine Menschenexplosion verursacht und sind unfähig, diese Lawine zu kontrollieren oder gar zu stoppen.

Wir haben Industrien von unbegrenzter Ergiebigkeit aufgebaut, aber wir werden weder mit deren sozialen Folgen noch mit der Zerstörung unserer Umwelt fertig.

Wir produzieren aus gegenseitiger Angst Massenvernichtungsmittel, deren Kontrolle uns täglich mehr und mehr entgleitet. Wenn man sieht, mit welch rücksichtsloser Brutalität Machtansprüche geltend gemacht werden, so spricht alles dafür, daß diese Waffen auch eines Tages von irgendwelchen Fanatikern eingesetzt werden.

Die kritische Masse

Wenn der Fortschritt der Wissenschaft alle Traditionen lächerlich erscheinen läßt, dann stirbt der individuelle Stil.

Wenn die Erziehungsinhalte immer technologischer werden, dann verschwinden die großen kulturellen Traditionen.

Wir stehen vor einer Veränderung aller Lebensformen, vor einer Umstrukturierung des Menschen schlechthin, wie es Ähnliches in unserer Geschichte noch nie gegeben hat. Die neue Massengesellschaft ist mit landwirtschaftlichen Methoden nicht mehr zu ernähren und mit den bekannten politischen Systemen und sozialen Ordnungen nicht mehr zu verwalten.

Es gelten die gleichen Gesetze wie in der Atomphysik: Wenn eine bestimmte kritische Masse erreicht wird, so entsteht über eine Kettenreaktion explosiv etwas völlig Neues.

Das Fieber verursacht die Krankheit

Die Medizinmänner der Bantus glauben, das Fieber verursache die Krankheit. Sie verwechseln Ursache und Wirkung.

Das gleiche tun unsere ›Stammeseingeweihten‹, die da glauben, unser Kulturverfall sei eine Folge unserer materialistischen Industriegesellschaft. Der Fortschritt um jeden Preis konnte nur so totalitär die Macht ergreifen, weil die kulturellen Gestaltungskräfte als lebendiger Widerpart erloschen waren.

Die guten Sitten

Kultur ist die Summe der guten Sitten.

Gute Sitten bestehen aus vielen kleinen Opfern.

Wenn keiner mehr bereit ist, Opfer zu bringen, sterben die guten Sitten und die Kultur.

Kultur macht frei

Der russische Schriftsteller Efim Etkin verglich den Osten und den Westen mit folgenden Worten: »In der Sowjetunion spielt die Kultur eine größere Rolle als im Westen, denn die Kultur ist dort die einzige Möglichkeit, sich individuelle Freiheit zu verschaffen. Man ist frei in dem Maß, in dem man Kultur besitzt. Im Westen halten sich die Leute für frei. Es ist eine Freiheit ohne Kultur. In der Sowjetunion ist man frei durch Kultur.«

Im Hinblick auf Deutschland fügte er hinzu: »Das Vergessen seiner Geschichte und Traditionen halte ich für einen Verzicht auf Kultur. Kultur ist Gedächtnis. Wenn man kein Gedächtnis hat, wird man zum Unmenschen.«

Er meint zum Barbaren.

Die Kultur ist das Fundament der Humanität. Ohne sie wären wir geblieben, was wir unserer Natur nach leider und latent immer noch sind: primitive Barbaren.

Zivilisationen, die ihre Kulturgeschichte aufgeben, kehren in die Barbarei zurück.

Der Asphaltdschungel

Der Steinzeitmensch begreift nicht die Naturkräfte, die ihn beherrschen. Auch der Stadtzeitmensch begreift nicht mehr die Kräfte, die sein Leben beherrschen. Er benutzt Fernsehen, Computer und Flugzeuge, ohne diese Dinge zu verstehen. Dürrenmatt hat recht, wenn er prophezeit: »Ein neuer Menschenschlag kommt auf, der die zivilisierte Wildnis wie ein Nomade benutzt, der, statt ein Pferd zu reiten, ein Motorrad fährt. Er hat keinen festen Platz in der Zivilisation, sondern durchzieht sie von Arbeitsplatz zu Arbeitsplatz. Die heutigen Rocker sind die ersten Menschen, die sich von der modernen Zivilisation auf ihre Art wieder befreit haben; denen sie nicht mehr wie ein Gefängnis vorkommt, sondern als Natur, Wildnis.«

Es ist kein Zufall, daß die Punks ihr Haar nach Art der Irokesen tragen, daß sie sich wie die Wilden ihre Gesichter mit Kriegsbemalung beschmieren.

Kultmaske
Obervolta

Maske
Pablo Picasso

Die neuen Monsterstämme

Menschsein heißt
einem Stamm angehören.
Du bist nichts;
dein Stamm ist alles.
Das Ende der Geiselnahme.
Hier ist jeder sein eigener Stamm.
Die Geburt der neuen Monsterstämme.
Nicht die Person ist wichtig,
sondern die Rolle,
die sie spielt.
Männer machen Geschichte.
Die Fütterung heiliger Kühe.
Das Zauberwort.
Die fröhlichen Arbeitslosen.
Vom Caesarenwahn zum Massenwahn.
Das Rittertum und die Pferde.
Aller Ruhm dem Stamm.
Der große Häuptling.

Menschsein heißt einem Stamm angehören

Der Primitive ist unlösbar mit seinem Stamm verbunden, mit den Lebenden und den Toten. Menschsein heißt einem Stamm angehören. Man kann weder den Stamm wechseln noch die Religion oder die Nationalität. Mensch, Stamm und Ahnenkult sind eine untrennbare Einheit wie ein lebendiger Leib.

Durch die Kolonialpolitik der Weißen, die ihre Protektorate nach geographischen Gesichtspunkten absteckten, ohne Rücksicht auf die Stämme, sind heute alle afrikanischen Länder Vielvölkerstaaten, obwohl alle schwarzen Stämme ihrer inneren Natur nach bis in die Gegenwart reine Einvölkerstaaten sind. Noch heute sind hier alle Revolutionen und Kriege vor allem Stammeskriege. Und daran wird sich auch in naher Zukunft nichts ändern. Wer die Verhältnisse im südlichen Afrika kennt, weiß, daß sich Zulus und Xhosas eher von Weißen regieren lassen als von dem Angehörigen eines anderen Stammes. An diesem hypertrophierten Stammesbewußtsein scheitern die meisten Demokratien in Schwarzafrika, von Idi Amin bis zu Bischof Muzorewa.

Du bist nichts; dein Stamm ist alles

Die Griechen verstanden sich als Gesellschaft von Einzelmenschen. Dieser Individualismus ist in der Geschichte der Menschheit etwas völlig Neues. Man trifft ihn zu keiner anderen Zeit, in keinem anderen Kulturkreis. Der japanische Professor K. Nishida stimmt dem zu, wenn er schreibt: »Individualität ist eine rein westliche Angelegenheit.«

Bis zu Beginn der Antike kennen wir von allen alten Völkern nur die Namen ihrer Herrscher und Führer. Wir wissen weder, wer den Palast von Knossos erbaute, noch wer Babylon plante. Das änderte sich schlagartig mit der Antike. Mit einemmal ist die Erde bevölkert von Privatpersonen. Wir kennen die Namen von Künstlern, Philosophen, Gladiatoren, Politikern, Sportlern, Lebemännern und ihren Geliebten. Wir kennen selbst die Namen ihrer Pferde und Hunde. Mit der Antike stirbt das kurzlebige Phänomen der Individualität. Die Gemeinschaft dominiert wieder über die Privatperson als eigene Lebensform.

Bis zur Renaissance kennen wir kaum den Namen einer Privatperson. »Unbekannter Meister« oder »Maler der Rheinischen Schule« ist meist alles, was wir über die Schöpfer der Kunstwerke aus dieser Zeit sagen können. Das änderte sich erst wieder mit der Renaissance, der Wiedergeburt der Individualität, die in unserem Jahrhundert kulminierte und in den Termitenhügeln der Multimillionen-Großstädte wieder zu Grabe getragen wird. In den neuen Monsterstämmen wird es wie in allen primitiven Stämmen keine Individualität geben. Die Zulus sagen: »Ich bin, damit wir sind. Damit wir sind, darum bin ich.«

Das Ende der Geiselnahme

Mit der Abschaffung der Individualität endet auch die Erpressung durch Geiselnahme. Ein Bienenvolk oder ein Heringsschwarm ist nicht bereit, außergewöhnliche Opfer für einen Teil des Ganzen zu bringen.

Du bist nichts; dein Stamm ist alles!

Hier ist jeder sein eigener Stamm

In Neuguinea, der Heimat der letzten Steinzeitmenschen, gibt es nebeneinander über 700 verschiedene Stammesverbände mit über 700 verschiedenen Sprachen. Krale, die nur wenige Kilometer auseinander liegen, vermögen nicht miteinander zu sprechen. Warum auch? Sie leben innerhalb ihrer Stammesterritorien so abgeschlossen und autark wie Körperzellen in einem lebendigen Organismus. Fremde werden wie Krankheitserreger abgetötet. Es ist wiederholt vorgekommen, daß ein Stamm ausgestorben ist, ohne daß die Nachbarschaftsstämme davon Kenntnis nahmen.

Ähnliche Abgeschiedenheit findet man auch in unserem stadtzeitlichen Betondschungel, wo Verstorbene häufig erst nach Monaten entdeckt werden, obwohl sie Wand an Wand mit anderen Menschen lebten. Hier ist jeder sein eigener Stamm.

New York ist noch vor Kinshasa und Soweto die Stadt mit den meisten schwarzen Einwohnern auf der ganzen Erde. Auch die Sowjetunion ist ein Vielvölkerstaat. 175 verschiedene Nationen sprechen mehr als 200 verschiedene Sprachen und Dialekte. In Indien gibt es 170 Sprachen und über 500 Dialekte.

Die neuen Massenmedien werden dafür sorgen, daß innerhalb weniger Generationen aus den Vielvölkerstaaten ein einheitlicher Stamm wird. Das Fernsehen erreicht die entlegendsten Oasen und die einsamsten Gebirgsnester. Mit Hilfe dieser noch nie dagewesenen Massenbeeinflussung werden ethnische Gruppen, die seit Jahrtausenden nebeneinander existiert haben, zu völlig neuen einheitlichen Einvölkerstaaten zusammengeschweißt. In diesen neuen Monsterstämmen erwachen die Urkräfte der alten Stämme. Die Ansätze zeichnen sich – wie dieses Buch aufzeigen will – auf breitester Front ab. Obwohl die neuen Supermächte in der Lage sind, jeden Punkt der Erde in wenigen Stunden zu erreichen, wissen weder Russen noch Amerikaner, wie es in den Stammesterritorien des anderen wirklich aussieht. Die totale Abkapselung ist nicht entfernungsmäßig bedingt. Sie entspringt dem Isolationsbedürfnis des Einvölkerstammes. Ähnlich wie bei den Primitiven von Neuguinea gibt es keine fließenden Übergänge. Schon heute ist für einen Durchschnittsrussen eine Amerikanerin so unerreichbar wie für einen Papua ein Mädchen aus einem Nachbarstamm. Denn für die neuen Monsterstämme gilt: Der Primitive ist unlösbar mit seinem Stamm verbunden.

Nicht die Person ist wichtig, sondern die Rolle, die sie spielt

In einem Bienenvolk gibt es keine Individualität. Der einzelne ist immer nur Teil des Ganzen. Das gilt selbst für die Königin. Nicht sie ist wichtig, sondern die Position, die sie auszufüllen hat. Stirbt sie, so übernimmt eine andere ihre Aufgabe. Der Wert eines Medizinmannes liegt nicht in seiner Person. Er ist nur das Instrument, auf dem die Götter spielen. Das äußert sich deutlich in der Dämonenmaske. Stirbt der alte Medizinmann, so schlüpft ein neuer in die Maske.

Der Motor unserer Gesellschaft ist weder eine Gottheit noch ein König. Unser Wertmaßstab ist die Wirtschaft. Und ihr höchstes Gebot lautet: bei möglichst niedrigen Kosten den höchstmöglichen Gewinn machen! Auf die Menschen dieses Systems übertragen, heißt das: Spezialisierung und Einordnung bis zur Selbstaufgabe. Der einzelne wird nicht zum Objekt degradiert, weil das Unternehmen unmenschlich ist, sondern weil die Aufgaben nur noch von austauschbaren Facharbeitern und namenlosen Spezialistenteams gelöst werden können. Nicht die Person ist wichtig, sondern die Rolle, die sie spielt. Die Autorität geht von der Position aus, nicht von der Persönlichkeit.

Ein Monarch ist auch im Exil ein Monarch, ein Präsident ohne sein Amt aber ist nur ein Erdnußfarmer oder ein Cowboydarsteller.

Männer machen Geschichte

Ein Afrikaner könnte mit dem Satz »Ich habe den Bus verpaßt« nichts anfangen. In seiner Sprache müßte er lauten: »Der Bus ist mir davongefahren.«

Der Eingeborene erlebt sich in dieser Welt nicht als handelndes Subjekt, sondern als passives Objekt. Er unternimmt nicht, sondern es geschieht ihm.

Wem das seltsam erscheint, der möge sich sagen lassen, daß auch wir uns in die gleiche Richtung bewegen. Von Hannibal bis Hitler galt der Satz von Carlyle: »Männer machen Geschichte.«

Bei Sebastian Haffner steht der Satz: »Unser Geschichtsbewußtsein hat sich vollkommen geändert. Wir glauben heute überhaupt nicht mehr, daß Geschichte gemacht wird. Geschichte geschieht. Sie ist in unserer heutigen Vorstellung die Bewegung gewaltiger, unpersönlicher, gesellschaftlicher Kräfte, die wir, obwohl sie durch Menschen wirken, im Grunde so wenig beeinflussen können wie Naturkräfte.«

Diesen Satz hätte ein Römer nicht verstanden, wohl aber ein Zulu.

Die Fütterung heiliger Kühe

Auf einer Goldmine in Südafrika sah ich einmal folgenden Test: Man hatte zwei mannshohe Holzwände im Abstand von etwa zehn Fuß nebeneinander aufgestellt. Auf der einen Seite standen zwölf schwarze Arbeiter. Man hatte sie gerade aus Zentral-Moçambique eingeflogen. Sie waren noch, wie man so sagt, von aller Zivilisation unbeleckt. Man gab ihnen ein Schiffstau und einen Balken, der kürzer als der Abstand zwischen den Holzwänden war. Ein Dolmetscher erklärte, daß zwischen den beiden Holzwänden ein krokodilverseuchter Bach flösse, den sie überqueren müßten.

Ein ungeheures Palaver setzte ein. Jeder hatte eine andere Vorstellung darüber, wie man die Sache angehen müsse. Alle redeten, ohne einander zuzuhören. Wenn nach viertelstündiger Debatte kein Ergebnis in Sicht war, so wurde der Versuch abgebrochen.

So geschah es bei drei Testgruppen.

Bei der vierten jedoch übernahm ein Schwarzer die Führung. Er hatte sich Gehör verschafft. Man befolgte seine Anordnungen und ging zielstrebig ans Werk. Der Testleiter nahm den Mann aus der Gruppe, und das Ganze endete in einem großen Palaver.

Beließ man den Gruppen ihre Führer, lösten sie die gestellte Aufgabe. Nahm man sie ihnen fort, so wurde das Ziel nicht erreicht.

Was die Schwarzen nicht wußten, war die Tatsache, daß es gar nicht darauf ankam, die Aufgabe zu lösen. Wichtig war nur die Entdeckung von Führernaturen. Sie wurden zu Vorarbeitern ausgebildet.

Der Testleiter, ein irischer Psychologe, erzählte mir später: »Im Gegensatz zu uns werden in Stammesgesellschaften Entscheidungen nicht nach klar erkennbaren Gesichtspunkten der Logik getroffen, sondern sie werden in endlosen Palavern ausgehandelt.«

Ich stieß mich an dem »im Gegensatz zu uns«.

In unserer stadtzeitlichen Stammesgesellschaft geraten

so widerstrebende und unvereinbare Interessen aneinander wie Industrie contra Landschaftsschutz, Gewerkschaft contra Kapital, parteipolitische Rücksicht contra realistische Vernunft.

Politische Entscheidungen werden nicht mehr nach klaren Gesichtspunkten technokratischer Wirtschaftlichkeit oder zweckmäßiger Vernunft getroffen.

Sie werden in endlosen Palavern ausgehandelt.

Als unrationelle Kompromisse stehen sie oft in totalem Gegensatz zu den logischen Erfordernissen und den realistischen Gegebenheiten.

Unsere landwirtschaftliche Subventionspolitik mit ihren Butterbergen und Obstbaum-Abholzprämien ist keinen Deut wirtschaftlicher als die Fütterung heiliger Kühe oder die Einbalsamierung göttlicher Krokodile.

Das Zauberwort

Primitive Stammesangehörige glauben an magische Zauberwörter. Allein die Nennung eines bestimmten Wortes bewirkt Wunder.

Solch eine Vokabel ist im Stamm der Stadtzeitmenschen das Allheil-Wunderwörtchen ›sozial‹. Keine öffentliche Institution, die ohne es auskommt, von den Nationalsozialisten bis hin zu den Sozialdemokraten. Selbst von unserer Justiz erwarten wir, daß sie nicht nur gerecht, sondern vor allem sozial sei. Denn alles, was sozial ist, ist auch gut. Nur eine soziale Gesinnung ist moralisch einwandfrei.

Mit unserem Zauberwort ›sozial‹ verhält es sich nicht anders als mit dem Zauberwort der Primitiven. Beide wollen dasselbe, nämlich materielle Begünstigung. Ein Papua erwartet Gaben aus der Hand der Götter, nicht weil er arm ist, sondern weil er das Zauberwort kennt. Auch unsere Landwirte erwarten Gaben der öffentlichen Hand, nicht weil sie arm sind, sondern weil sie als Angehörige einer bestimmten Gruppe automatisch einen Anspruch darauf haben. Der Primitive liebt seine Götterobrigkeit nicht. Er bringt ihnen (notgedrungen) Opfer dar, damit seine unbegründeten Forderungen erfüllt werden.

Nicht anders halten wir es mit unserer Obrigkeit.

Die fröhlichen Arbeitslosen

Wer je in Afrika gelebt hat, weiß, wie richtig das oft zitierte Wortspiel ist: »Der Weiße lebt, um zu arbeiten. Der Schwarze arbeitet, um zu leben.«

Nichts hat unser abendländisches Denken so sehr geprägt wie unsere Einstellung zur Arbeit. Die Bücher zu diesem Thema füllen ganze Bibliotheken vom Kirchenvater Augustin bis zum Kommunistenvater Marx. Ein Mann ohne geregelte Arbeit war ein Landstreicher, »ein kriminelles Subjekt«, wie es in der Amtssprache hieß.

Wir gehen einer Zukunft entgegen, in der ganze Berufsgruppen, ja ganze Industriezweige überflüssig werden. Wohlgemerkt, es handelt sich nicht um die klassische Arbeitslosigkeit, ausgelöst durch vorübergehende Konjunkturschwankungen mit befristetem Arbeitsplatzverlust. Die neue ›strukturelle Arbeitslosigkeit‹ ist ein Dauerzustand, verursacht durch automatisierte Büros und Fabriken.

In Zukunft werden nur noch ein paar Spezialisten die vollautomatischen Produktionsvorgänge überwachen. Wir müssen unsere Einstellung zur Arbeit korrigieren. Aus der Fronarbeit für alle wird ein Vorrecht für wenige. Die erwachsenen Naturkinder des 21. Jahrhunderts werden mehr Zeit zum Spielen haben als die Schulkinder der Gegenwart.

»Im Schweiße deines Angesichtes sollst du dein Brot verdienen«, so hieß es bei der Vertreibung aus dem Paradies. Wir werden den Satz streichen.

Ob wir das Paradies zurückgewinnen, bleibt abzuwarten.

Vom Caesarenwahn zum Massenwahn

Ein anderes Zauberwort heißt ›Demokratie‹.

So unbeirrbar wie unsere Urgroßväter an den Fortschritt geglaubt haben, so unbeirrbar glauben wir an unsere Demokratie. Sie ist der Garant für optimale Freiheit für alle. Mit der Demokratie – so glauben wir – haben wir die Macht gebändigt.

Beschränkt und auf Zeit verleihen wir sie an rechenschaftspflichtige politische Manager, die wir wählen und abwählen. Uns demokratiegläubigen Kindern ergeht es dabei nicht anders als unseren fortschrittsgläubigen Vätern. Auch unser Wunschtraum wird mehr und mehr zum Alptraum.

Die Bedrohung der Demokratie heißt nicht Caesarenwahn, sondern Massenwahn; und der ist – die Geschichte beweist es – viel mehr zu fürchten als alle Häuptlinge,

Könige und Despoten. Es ist schon so, wie Haffner sagt: »Die Verführung der Massen ist so sprichwörtlich wie die Verführung durch die Macht. Und die ist erschreckenderweise um so größer, je mehr das individuelle Leben verödet, je standardisierter, vorgefertigter und vorgeschriebener es wird.«

Auch hier haben wir wie beim Waldsterben zerstörerische Mechanismen ausgelöst, die niemand mehr zu kontrollieren vermag.

Das Rittertum und die Pferde

Unsere Geschichte ist vor allem Unternehmens- und Unternehmergeschichte. Kaiser, Päpste, Kauffahrer, Eroberer und Entdecker waren Unternehmer. Unternehmerische Geister wie Columbus, Luther und Jakob Fugger haben die Welt verändert. Das ist in unserem Jahrhundert nicht anders. Dafür stehen Namen wie Henry Ford und Wernher von Braun. Eine sozialistische Geschichtsschreibung, die in der arbeitenden Klasse den entscheidenden Faktor erblickt, ist wie eine Geschichte des Rittertums, die sich vornehmlich mit den Pferden befaßt.

Aller Ruhm dem Stamm

Stämme kennen keine individuelle Heldenverehrung. Der Ruhm gebührt dem Stamm.

Im Stamm der Stadtzeitmenschen wird es nicht anders sein. Unsere Forscher sind Teammitglieder, unsere Staatsmänner Parteimitglieder. Die Konquistadoren, die als erste den amerikanischen Kontinent betraten, waren Einzelgänger, die völlig auf sich selbst gestellt dem Ungewissen entgegenfuhren. Die Astronauten, die als erste den Mond betraten, wurden wie Marionetten von Kontrollstationen überwacht und gelenkt.

Mexiko ist von Cortez entdeckt worden. Die Mondlandung war eine Angelegenheit der NASA. Neil Armstrong war wie die russische Sputnik-Hündin Laika nichts weiter als ein ›Versuchstier‹. Die Tatsache, daß man überhaupt einen Menschen auf den Mond geschickt hat, ist ein nostalgischer Luxus, auf den man bei weiteren Vorstößen ins All verzichten wird, da ein Roboter für solche Aufgaben viel geeigneter ist.

Als Alfred Nobel den Preis seines Namens stiftete, wollte er damit die Leistung eines hervorragenden Forschers ehren. Inzwischen haben wir uns daran gewöhnt, daß der Preis zwischen zwei und drei Wissenschaftlern aufgeteilt wird. 1985 wurde der Friedensnobelpreis zum erstenmal einer namenlosen Gruppe von Medizinern verliehen.

Auch hier siegt das Stammesbewußtsein über den Individualismus.

Der große Häuptling

Die meisten Mitarbeiter Ronald Reagans beschreiben den Präsidenten als einen Mann mit »ernsthaften intellektuellen Schwächen«, bewundern aber gleichzeitig seine starke Führungspersönlichkeit und seinen »politischen Instinkt«, der oft richtig liegt, wo ihre mühevoll recherchierten Analysen versagen. Dieser Mann wurde nicht geprägt durch ein Universitätsstudium, durch Theorien und Bücher. »Seine Lebenserfahrung prägt sein Denken.« Immer wieder stoßen wir bei der Beschreibung des Präsidenten auf die Worte »unwissend, dogmatisch und instinktiv glückhaft in allen Entscheidungen«.

Gilt das nicht auch für alle alten Stammesführer, wie Indianerhäuptling Sitting Bull und Zuluhäuptling Chaka?

Der Erfolg Ronald Reagans war vorprogrammiert. Der große Häuptling im größten Stamm der Stadtzeitmenschen.

Nomadenzelt
Saudi-Arabien

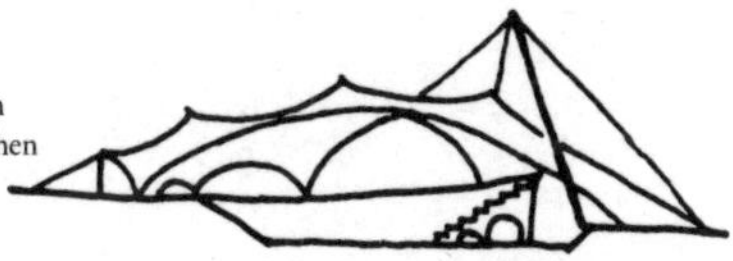

Zeltdach-Konstruktion
Olympiastadion München

Der neue Nomade

Der Stadtzeitmensch ist der größte
Nomade aller Zeiten.

Der Verzicht auf belastenden Besitz.

Wer seßhaft ist, ist nicht frei.

Erst durch das Auto
wird der Stadtzeitmensch
volljährig.

Das Recht der Ochsen
und Autos.

Der Stadtzeitmensch ist der größte Nomade aller Zeiten

Noch zu Anfang unseres Jahrhunderts lebten fast alle Menschen an einem festen Ort, denn sie waren in der Landwirtschaft beschäftigt, und Grundbesitz ist unbeweglich. Zwischen 1979 und 1981 haben 50 Millionen Amerikaner ihren Wohnsitz gewechselt. Sie haben mit Auto, Bahn und Flugzeug 300 000 000 000 Kilometer zurückgelegt. Gegen diese gewaltigen permanenten Massenbewegungen sind die Völkerwanderungen der Vergangenheit Sonntagsspaziergänge. Der moderne Stadtzeitmensch ist der größte Nomade aller Zeiten.

Der Verzicht auf belastenden Besitz

Wie der Nomade verzichtet der Großstädter immer mehr auf belastenden Besitz. In den Vereinigten Staaten gibt es bereits über 100 000 Leasing-Geschäfte, wo man sich vom Rasenmäher bis zum Brautkleid alles nur Denkbare leihen kann. Immer mehr Gebrauchsgegenstände des Alltags werden nicht erworben, sondern gemietet, vom Zelt bis zur kompletten Wohnungseinrichtung, sogar richtige Bäume und Rasenflächen für Ausstellungen, auch Menschen, vom Callgirl bis zur kinderhütenden Leihoma.

Dieser Trend ist auch bei uns viel weiter fortgeschritten, als viele von uns ahnen. Immer mehr Gegenstände werden mit der Wohnung gemietet, die noch vor wenigen Jahren zum Umzug gehörten: Einbauschränke, komplette Küchen, Lampen und festverlegte Teppiche. Firmen leasen ihre Autos, Büros ihre Fotokopiergeräte. Selbst die meisten Hausbesitzer leben nur symbolisch im eigenen Haus. In Wahrheit gehört es durch Hypotheken einer Bank oder einer Bausparkasse.

Wer seßhaft ist, ist nicht frei

Die Nomaden Somalias sagen: »Wer seßhaft ist, ist nicht frei.« Auch im Stamm der Stadtzeitmenschen wird Reisen und Umherschweifen mit Freisein gleichgesetzt. Über viele Generationen haben in den Hochkulturen die Menschen am gleichen Platz verharrt, festverwurzelt mit dem Boden wie Bäume. Denn fast alle Menschen arbeiteten in der Landwirtschaft.

Das Land, auf dem sie lebten und das sie ernährte, ließ sich nicht wie heute veräußern und in transportables Geld verwandeln. Die meisten Bauern bestellten die Felder ihrer Herren, die ihrerseits das Land vom Herrscher zum Lehen erhalten hatten. Entfernung von der heimatlichen Erde galt nicht als freiheitlicher Luxus, sondern als Unglück.

Wie sehr die Fremde als Bedrohung aufgefaßt wurde, erkennt man an der Tatsache, daß sowohl im Lateinischen als auch im Griechischen für Fremdling und Feind das gleiche Wort benutzt wurde. Im klassischen Griechenland wurde die Verbannung aus der Vaterstadt als empfindlichste Strafe empfunden.

Menschen, die eine größere Reise unternahmen, wie

Marco Polo, Lord Byron oder Goethe, waren sensationelle Ausnahmen. Das galt für den allergrößten Teil der Menschheit bis in unser Jahrhundert hinein. Noch Adenauer unternahm seine erste Auslandsreise als Greis von über 70 Jahren.

Schon das Buch der Richter im Alten Testament sieht in den Nomaden die schlimmste Bedrohung für alle Kulturen. Wo das eine ist, kann das andere nicht sein.

Erst durch das Auto wird der Stadtzeitmensch volljährig

Bei den Nomaden der Sahara ist es üblich, daß ein Knabe beim Erreichen der Mannbarkeit das Recht erlangt, ein Pferd zu führen. Erst dann ist er ein vollwertiger Mann. Unser Zeichen der Mannbarkeit ist das Auto. Bei einer Befragung amerikanischer Teenager, was sie für das Wichtigste an einem Jungen hielten, stand an erster Stelle der Besitz eines Autos. Erst durch das Auto wird der Stadtzeitmensch volljährig.

Das Recht der Ochsen und Autos

Die viehtreibenden Nomaden Zentralafrikas sind friedliebende Naturkinder. Wenn es unter ihnen zum Streit kommt, dann fast ausschließlich wegen ihres Viehs.

Die Gerichte in den Vereinigten Staaten wenden mehr als zwei Drittel ihrer Zeit für Gerichtsprozesse auf, bei denen es um Autos geht. In Europa ist es nicht viel anders.

Skulptur
Botswana

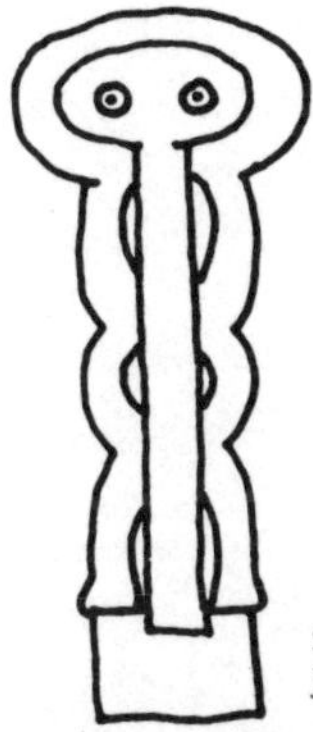

Skulptur
Jacques Lipchitz

Vom Sklavenmarkt zum Supermarkt

Hochkulturen halten sich Sklaven.

Abraham Lincoln und die
Sklavenbefreiung.

Die Ausbeutung der
›freiwilligen‹ Sklavenheere.

Keiner ist dem anderen untertan.

Die Demokratie ist ein Urelement
der Primitiven.

Primitive aller Länder vereinigt euch!

Der neue Stadtzeitprimitive
ist nicht mehr bereit,
sich unterzuordnen.

Hochkulturen halten sich Sklaven

Hochkulturen unterscheiden sich von Stammesgesellschaften vor allem dadurch, daß sie auf der Ungleichheit der Menschen aufgebaut sind.

Die vielgepriesene griechische Demokratie war in Wahrheit eine Diktatur einer privilegierten Minderheit. In Athen war das Verhältnis zwischen Vollbürgern und Sklaven 1 : 15.

Zur Blütezeit der Hochkulturen gab es auf der ganzen Welt Sklaverei. Sie wurde weder im Alten noch im Neuen Testament in Frage gestellt. In den meisten Ländern erfolgte ihre Abschaffung gegen den Willen der Kirche. In Saudi-Arabien, wo die Sklaverei erst 1962 beendet wurde, geschah das gegen den Widerstand der Ulemas. Sowohl Päpste als auch Kalifen besaßen selber Sklaven, ohne unter Gewissensbissen zu leiden. Der Sklave war ein selbstverständlicher Bestandteil ihres kulturellen Umfeldes.

Abraham Lincoln und die Sklavenbefreiung

Beim Thema Sklavenbefreiung fühlen sich seltsamerweise die Amerikaner als Vorkämpfer für ein neues Freiheitsideal. »Für dieses Ideal«, erklärte mir ein amerikanischer Autor, »haben wir einen Bürgerkrieg geführt.«

Es ist ein weitverbreiteter Irrtum, daß der Krieg zwischen den Nordstaaten und den Südstaaten geführt worden wäre, weil Präsident Abraham Lincoln in unvergleichlichem Edelmut die Baumwollsklaven des amerikanischen Südens zu gleichberechtigten Staatsbürgern machen wollte. Diese an allen amerikanischen Schulen gelehrte und über die ganze Welt verbreitete Geschichte ist zu schön, um wahr zu sein. Abraham Lincoln widerlegt sie selber in seinen Schriften und Reden.

Entstanden war der Krieg, weil der Norden und der Süden sich infolge verschiedener Wirtschaftsformen auseinandergelebt hatten. Während sich der Norden mehr und mehr industrialisierte, lebte der Süden von der Baumwolle. Die Baumwolle war die ›Königin der Südstaaten‹. Die Nachfrage auf der ganzen Welt war größer als die Produktion. Wesentliche Voraussetzung für die großen Plantagen aber war die Sklaverei. Der Norden hatte sein Kapital in Fabriken investiert, der Süden in Negersklaven. So wurde die Sklavenfrage zu einem entscheidenden Machtfaktor zwischen dem volkreicheren Norden und dem wirtschaftlich überlegenen Süden.

Schon 1807 unter Jefferson war der Handel mit Sklaven durch ein Bundesgesetz untersagt worden, auf das die Amerikaner besonders stolz sind. Was man jedoch schamhaft verschweigt, ist, daß diese Gesetzesvorlage mit nur einer einzigen Stimme Mehrheit durchgebracht worden war.

Zu dieser Vorlage war es auch nur gekommen, weil die Vereinigten Staaten weite Landflächen hinzuerworben hatten, durch die sich der Süden mehr als verdoppelte. Es waren Louisiana, Florida, Texas, New Mexico, Arizona, Kalifornien, Nevada, Utah und ein Teil von Colorado. Eine Ausweitung der Sklaverei auf die neuen Gebiete hätte dem Süden ein gewaltiges wirtschaftliches Übergewicht verliehen. In diesem Machtkampf dachte niemand an die Gleichstellung der Schwarzen mit den Weißen, auch Lincoln nicht. So hieß es in einer seiner Wahlreden wörtlich:

»Ich trete heute so wenig wie früher dafür ein, daß zwischen der schwarzen und der weißen Rasse in irgendeiner Form soziale und politische Gleichheit herbeigeführt werde.

Ich trete heute so wenig wie früher dafür ein, daß man Neger zu Wählern oder zu Geschworenen mache, daß man sie für geeignet erkläre, Ämter zu führen oder weiße Frauen zu ehelichen.

Und da beide Rassen nicht in Gleichheit leben können, aber doch miteinander leben müssen, so muß es Über- und Unterordnung geben, und ich trete ebenso wie jeder andere vernünftig Denkende dafür ein, daß die übergeordnete Stellung der weißen Rasse gebührt.« Bei seinem knappen Wahlsieg hatte Lincoln keine einzige Stimme aus dem Süden bekommen. Man hielt ihn daher für unautorisiert, für den Süden zu sprechen, und trat aus der Union aus. Laut Verfassung waren sie dazu berechtigt. Lincoln verhielt sich wie ein Diktator. Ohne Zustimmung des Kongresses ordnete er die Blockade aller Häfen der Südstaaten an und mobilisierte das Bundesheer.

Der Süden war dem Norden unterlegen, weil er bevölkerungsmäßig nur halb so groß war und weil ihm die industriellen Quellen fehlten.

Später ist die noch heute verbreitete Lincoln-Legende entstanden. Um das entsetzliche Blutbad des Bruderkrieges zu rechtfertigen, wurde die Angelegenheit so dargestellt, als habe Lincoln von Anfang an nur für die Sklavenbefreiung gekämpft.

Als der Unionsgeneral Hunter am 9. Mai 1862 alle Sklaven Georgias, Floridas und South Carolinas für frei erklärte, da hatte Lincoln den Befehl empört rückgängig gemacht. Horace Greeley, der Herausgeber der ›New York Tribune‹, warf dem Präsidenten daraufhin in einem offenen Brief Schlaffheit in der Sklavenfrage vor. Der Präsident antwortete: »Mein höchstes Ziel in diesem Kampf ist es, die Union zu retten. Wenn ich die Union retten könnte, ohne einen einzigen Sklaven zu befreien, so würde ich es tun. Wenn ich sie retten könnte, indem ich alle Sklaven befreite, so würde ich es tun. Und wenn ich die Union retten könnte, indem ich ein paar befreite und die anderen ließe, so würde ich auch das tun.«

Aus dem Gesagten geht ganz klar hervor, daß Lincoln kein Interesse an den Negersklaven hatte. Er benutzte die Angelegenheit, um seinen Krieg zu gewinnen.

Es hätte nicht viel gefehlt, und die europäischen Staaten hätten in diesem Krieg auf der Seite der Südstaaten eingegriffen, da ihnen an dem Baumwollgeschäft mehr gelegen war als an der Sklavenbefreiung.

Die Ausbeutung der ›freiwilligen‹ Sklavenheere

Die verfassungsmäßige Abschaffung der Sklaverei bedeutete keineswegs ihre Beseitigung. Die moderne industrielle Revolution, auf die wir heute satt zurückblicken, ist ohne Ausbeutung von ›freiwilligen‹ Sklavenheeren undenkbar. Unser technisches Zeitalter begann mit einem Arbeiterproletariat, wie es die Welt bis dahin noch nicht gekannt hatte. Die Arbeitsbedingungen waren für heutige Begriffe unerträglich. In engen niedrigen Arbeitsräumen mit schlechter Belüftung und Beleuchtung schufteten Hunderte von Arbeitern 14 Stunden an sechs Wochentagen für geringen Lohn. In Frankreich verdiente 1850 ein Arbeiter für die Bedienung eines Webstuhls 300 Francs im Jahr. Er hing an einem Strick, damit er gleichzeitig mit Händen und Füßen arbeiten konnte. Denn nur so ließen sich die hochwertigen Spitzen weben. In den Elendsvierteln der Arbeiter von Liverpool und Lyon schliefen drei Menschen in einem Bett. Rachitis und Tuberkulose waren an der Tagesordnung.

Auf dem Lande war es nicht besser. Zwischen 1826 und 1855 gab es in Rußland über 500 Bauernaufstände.

Und auch unser Jahrhundert hat die Ausbeutung des Menschen durch den Menschen nicht abgeschafft. Der hohe Lebensstandard der Industrienationen basiert nicht zuletzt auf der billigen Arbeitskraft der dritten Welt. Die Webstühle von Lyon und Manchester wurden nicht abgeschafft. Sie stehen heute in Afrika und in Lateinamerika, in Bangkok und Hongkong.

Keiner ist dem anderen untertan

In Nordamerika waren die ersten Kolonisten nicht nur von der Würde der Stammeskönige beeindruckt, sondern auch von der demokratischen Gesinnung dieser Menschen. Berichte über Demokratien mit Häuptlingen, die durch den Willen des Volkes regierten und nicht durch Gottes Gnaden, gelangten vor allem durch die Franzosen nach Europa. Sie fanden ihren Niederschlag in den philosophischen Gedankengängen vom ›Naturkind‹ und dem ›edlen Wilden‹. Hieraus entwickelte der englische Philosoph Locke die Theorie einer Regierung durch die Einwilligung der Regierten. Thomas Jefferson übernahm Lockes Formulierungen in die amerikanische Unabhängigkeitserklärung. Die Entwicklung der Demokratie im 17. und im 18. Jahrhundert in Amerika und in Europa wurde durch die Berührung mit den Indianerstämmen entscheidend gefördert.

»Die Primitiven eines Stammes sind wie die Bäume eines Waldes«, schwärmte Rousseau, »keiner ist dem anderen untertan.«

Die Demokratie ist ein Urelement der Primitiven

Die vorislamischen Beduinenstämme der arabischen Wüste waren »aristokratische Kommunisten«. Außer dem Pferd, dem Weib, der Kleidung und den Waffen gab es keinen Privatbesitz. Die Weideplätze, die Herden, die Vorräte, ja sogar die Zelte mit allem Inventar gehörten der Stammesgemeinschaft.

Die Ältesten wählten den fähigsten Mann zum Scheich. Er war ein auf Zeit gewählter Führer unter seinesgleichen. Es gab weder Könige noch Oberpriester.

Vergleicht man dieses Regierungssystem mit den griechischen Stadtstaaten, so war es nach unserer heutigen Auffassung demokratischer als alle griechischen Demokratien.

Die Demokratie ist kein Produkt der Kulturen, sondern ein Urelement der primitiven Stämme.

»Alle Kulturen fangen mit der Theokratie an und hören mit der Demokratie auf.«

Victor Hugo hatte recht: Unsere Kultur endet mit der Demokratie.

Primitive aller Länder vereinigt euch!

›Groß‹ und ›klein‹ sind relative Begriffe. Neben einer Maus ist eine Katze groß, neben einem Tiger ist sie klein. Ähnlich verhält es sich mit ›arm‹ und ›reich‹.

Die sogenannten unterentwickelten Länder waren jahrhundertelang zufrieden mit dem, was sie hatten. Erst als Zeitung, Rundfunk und Film ihnen den Wohlstand der Reichen vor Augen führten, entstanden ihre Forderungen nach höherem Lebensstandard.

Die weltweite Massenkommunikation arbeitet gegen die Ungleichheit. Der Schlachtruf ›Freiheit, Gleichheit, Brüderlichkeit‹ gilt nicht mehr für die Menschen eines Kulturkreises, sondern für alle Stämme der Erde.

Der neue Stadtzeitprimitive ist nicht mehr bereit, sich unterzuordnen

Auch der neue Stadtzeitprimitive ist nicht mehr bereit, sich unterzuordnen, weder seinem Staat noch seinem Gott. Er will nicht mehr dienen, weder im Heer noch im

Beruf. Die Folge ist, »daß unser Lebensstandard auf vielen Gebieten nicht mehr steigt, sondern ganz deutlich sinkt, und zwar – das ist das Komische – durch die Weiterentwicklung derselben Kräfte, denen wir zunächst sein Steigen verdankten: der Technik, der kapitalistischen Marktwirtschaft und des sozialen Fortschrittes«, so schreibt Sebastian Haffner.

Vor dem Ersten Weltkrieg wurden in Berlin elfmal täglich Briefe von Postboten ausgetragen. Zwischen 1920 und 1940 waren es nur noch dreimal. Zur Zeit wird die Post einmal pro Wochentag ausgeliefert, aber nicht mehr bis an die Wohnungstür, sondern nur noch bis zum Hausbriefkasten im Erdgeschoß. In einigen Ländern muß man die Post bereits bei den Postämtern aus dem Schließfach abholen, wobei die immer schlechter werdende Dienstleistung immer teurer wird.

Diese verminderte Dienstleistung gilt nicht nur für die Post, sondern für viele Bereiche. Nehmen wir zum Beispiel den Einzelhandel. Es ist noch gar nicht so lange her, da konnte man jederzeit in einen Laden gehen und seine Einkäufe erledigen, auch abends und sonntags. Man wurde bedient. Der Jäger- und Sammlerbegriff ›Selbstbedienung‹ war noch nicht erfunden.

Aber geben wir Haffner noch einmal das Wort, der zu bedenken gibt, daß der Lebensstandard, der auf allen Gebieten der Dienstleistung so deutlich sinkt, »keineswegs nur der Lebensstandard der Reichen ist, sondern der der arbeitenden Massen. Postkunde ist jeder. Ladenkunde ist jeder. Es ist einfach so: Die Massen bedienen die Massen. Und wenn sie das nicht mehr wollen, verlieren sie als Bediente, was sie als Diener gewinnen, oder sogar noch ein bißchen mehr. Und das Ergebnis ist, daß der Lebensstandard der Massen sinkt.«

Mit dem Verschwinden der Dienstleistungen verlieren wir aber noch viel mehr, als es auf den ersten Blick erscheint. Mit der Automation und der Rationalisierung geht auch unsere Eßkultur und Wohnkultur verloren. Tiefgefrorene Fischstäbchen haben mit Fisch so wenig gemein wie Kochnische und Eßecke mit einem Eßzimmer oder einer guten alten Küche.

Auch hier bewegen wir uns in Richtung Neandertal.

Stoffmalerei
Angola

Bildnis (Detail)
Joan Miró

Fortschritt ist Sünde

Natur und Naturvölker sind
gleichbleibend konservativ.

Alle technische Zivilisation basiert
auf dem Fortschritt.

Der Widerstand der Stadtzeitindianer.

Pseudoreligiöser Massenwahn
und Ufo-Gläubigkeit.

Gibt es einen größeren Fortschritt
als den Tod?

Der Mythos ist die Bilderbibel
aller Primitiven.

Kinder, Träumer und Senile.

Die Stimme der Götter.

Das europäische Jahr ist um.

Was wir noch lernen müssen.

Sind wir noch normal?

Natur und Naturvölker sind gleichbleibend konservativ

Naturvölker sind – der Name verrät es – ein Teil der Natur. Die Natur aber ist unwandelbar konservativ. »Alle Pflanzen und Tiere leben mit gleichbleibenden Gewohnheiten und Instinkten. Eine moderne Henne unterscheidet sich in nichts von einer antiken. Sie trägt seit Jahrhunderten das gleiche Federkleid, bevorzugt und verschmäht das gleiche Futter und gackert in der gleichen Sprache. Hühner haben nie gotische Nester gebaut oder viereckige Picasso-Eier gelegt. Tiere leben mit einer bewundernswert einfachen konservativen Haltung. Die Nachtigall kommt nicht jede Saison mit einem neuen Hit heraus, und die Störche fliegen nicht diesen Herbst nach Mallorca und nächstes Jahr nach Sylt. Die Schweine aller Epochen haben die gleiche Einstellung zum Leben. Und wenn die Bienen plötzlich den Standpunkt vertreten würden: Schafft die Königin ab! Es lebe die Demokratie!, so würden sie völkischen Selbstmord begehen.

Schauen Sie dagegen uns Kulturmenschen an. Wie viele Verwandlungen haben wir im Laufe unserer Geschichte durchgemacht. An wie viele Götter haben wir geglaubt. Für wie viele entgegengesetzte Ideale sind wir den Heldentod gestorben!«[1]

Wenn jemand ein Buch über das Leben der Buschmänner schreibt, so vermag er sie nicht nach Epochen einzuordnen, denn ihre Stammesexistenz ist zeitlos.

[1] E. W. Heine: *Nur wer träumt, ist frei.*

Wenn aber jemand ein Buch über die ›zivilisierte‹ Menschheit verfaßt, so muß er uns geschichtlich datieren. Wir Kulturmenschen sind wie Weinflaschen. Wir brauchen Etiketten mit dem Jahrgang drauf, sonst vermag man uns nicht zu klassifizieren.

Eingeborene errichten ihre Krale wie die Biber seit Jahrhunderten immer gleich, weil sie nicht nach ästhetischen, architektonischen Gesichtspunkten bauen, sondern nach rein funktionellen. Und das tun wir gegenwärtig auch.

Alle technische Zivilisation basiert auf dem Fortschritt

Noch unsere Großeltern sahen im Fortschritt das Heil der Menschheit begründet. Progressiv sein, das hieß aktiv, jung und weltverbessernd einer lebenswerteren Zukunft entgegenstürmen.

»Wissenschaft und Technik werden die Lebensqualität weltweit verbessern«, versprach Werner von Siemens. Karl Marx prophezeite das Arbeiterparadies. Und Nobel verkündete gar das Ende aller Kriege: »Morgen wird alles besser sein!«

Wir vermögen diese ungeheure Zukunftsgläubigkeit heute nicht mehr zu fassen. Die neue Generation mißtraut dem Fortschritt. Wissenschaft und Technik zerstören unseren immer enger werdenden natürlichen Lebensraum. Waffen von unvorstellbarer Gewalt bedrohen unsere Existenz.

»Fortschritt ist Sünde«, sagen die Primitiven.

Und wir geben ihnen recht.

Der Widerstand der Stadtzeitindianer

Im 19. Jahrhundert war eine Fabrik oder ein Bahnhof ein Zeichen des Fortschritts und des sich anbahnenden Wohlstandes für alle.

Heute gelten Industrieanlagen und Flughäfen als landschaftszerstörende Bedrohung und fordern den Widerstand der Bürger heraus.

Die jungen Leute, die sich gegen den Bau eines Atomkraftwerkes oder gegen neue Startbahnen für Flugzeuge wehren, kämpfen auf der Seite der Indianer, die mit Pfeil und Bogen versuchten, den Bau der transamerikanischen Eisenbahn zu verhindern.

Pseudoreligiöser Massenwahn und Ufo-Gläubigkeit

Nachdem die klassischen Kirchen ihre metaphysische Legitimation verloren haben, gerät auch die letzte Stütze unserer Kultur ins Wanken: das Vertrauen in das Heil des technischen und wissenschaftlichen Fortschritts. In dem zurückbleibenden Niemandsland schießen die Elemente der irrationalsten Irrlehren ins Kraut. Neben Bhagwan- und Moonsekten gedeihen die abstrusesten Heilslehren, die es auf raffinierte Weise verstehen, ihre Gefolgschaft auszubeuten und als willenlose Werkzeuge zu mißbrauchen. Daß es sich hier nicht um harmlosen Aberglauben handelt, beweist der Massenselbstmord der Volkstempelsekte in Guyana, bei dem 900 Verführte ihrem Messias in den Tod folgten.

Dieser pseudoreligiöse Massenwahn macht sich auch in den Wissenschaften breit. Ufo-Gläubigkeit und Bermuda-Dreieck-Greuel haben sich epidemisch um die ganze Erde verbreitet. Geschäftstüchtige Scharlatane wie Hubbard und seine Christian Scientology haben Anhänger in allen Ländern. Pseudowissenschaftler werfen die Frage auf: »Waren die Götter Astronauten?« Astrophysiker fordern: »Fort mit der Ratio!« Radikale predigen die Zerstörung aller bestehenden Ordnungen und Werte. Eine seltsam irrationale Sehnsucht hat sich breitgemacht. Die Aufklärung hat ihre Faszination längst verloren. Der Rückfall der Vernunft in die »selbstverschuldete Unmündigkeit« – wie Kant sie nannte – hat längst begonnen.

Vor uns liegt der Mythos des dritten Jahrtausends.

Gibt es einen größeren Fortschritt als den Tod?

Es gab große und langlebige Kulturen, wie die altägyptische, die so konservativ und fortschrittsfeindlich waren wie ein Eingeborenenstamm.

Wie ist das möglich?

Die Bauten, die sie ihren großen Toten errichtet haben, verraten es uns. Sie verkünden:

Unsere Zukunft liegt im Jenseits.

Gibt es einen größeren Fortschritt als den Tod?

Der Mythos ist die Bilderbibel aller Primitiven

Kinder und Naturvölker schöpfen aus der Welt der Märchen und Mythen. Der Mythos versucht in Bildern auszudrücken, was sich mit dem Intellekt nicht erläutern läßt. Im Gegensatz zur Philosophie braucht er keine komplizierten akademischen Auslegungsmodelle.

Das Bilderbewußtsein wird direkt ohne den Umweg über das Gehirn angesprochen. Der Mythos ist die Bilderbibel aller Primitiven, die keine Schrift entwickelt haben oder die die Schrift zugunsten des Fernsehens verdrängen. Es gehört keine besondere Hellsichtigkeit dazu, um dem Mythos eine glänzende Zukunft vorauszusagen.

Im Leben der Kulturvölker wird der Mythos mehr und mehr durch intellektuelle, ethische und künstlerische Kräfte ersetzt. Wenn sie nachlassen, dann erwachen die mythischen Urelemente zu neuem Leben. Barbarische Zeiten brechen an.

Kinder, Träumer und Senile

Im Leben der Völker nimmt der Mythos in dem Maße ab, in dem die Wissenschaft voranschreitet, in dem sie die Zusammenhänge des Lebens mit dem Verstand erklärt. Im Leben des einzelnen Menschen ist es nicht anders. Die erwachenden Verstandeskräfte verdrängen die Märchenbilder der Kindheit.

Menschen, die niemals in der Welt der Märchen gelebt

haben, sind bedauernswerte Geschöpfe, die man um den besten Teil ihrer Kindheit betrogen hat.

Menschen, die sich im Laufe ihres Lebens nicht aus der Welt der Märchen und Mythen zu lösen vermögen, sind entweder verhaltensgestörte Träumer oder lächerliche Don Quichotes.

Menschen, die nach einem vernunftsorientierten Erwachsenendasein wieder zurückfallen auf die Stufe der Märchen und Mythen, bezeichnen wir als senil. Sie befinden sich am Ende ihrer irdischen Existenz. Genauso verhält es sich mit Völkern und Kulturen.

Die Stimme der Götter

In den Stämmen liegt alle Regierungsgewalt beim Häuptling. Alle wichtigen Entscheidungen aber obliegen dem Medizinmann, der die Götter befragt.

Der Zuluhäuptling Chaka sagte in einem Gespräch mit weißen Vortrekkern: »Ich vertraue den Stammesgöttern und verlasse mich nicht auf den Verstand.«

Die gleichen Worte gebraucht der amerikanische Präsident Gerald R. Ford in seinen Memoiren, veröffentlicht unter dem Titel *A Time to Heal*: »Verlaß dich auf den Herrn von ganzem Herzen, und verlaß dich nicht auf deinen Verstand. Es waren die Worte, an die ich mich klammerte, so oft sich eine Krise ankündigte.«

Man muß diesen Satz mehrmals lesen und vermag es nicht zu begreifen, wie afrikanisch Amerika regiert wird.

Das europäische Jahr ist um

Der arabische Historiker Ibn Chaldun schrieb im 14. Jahrhundert: »Kulturen sind Lebewesen. Sie unterliegen dem ewigen Kreislauf des Aufblühens und Vergehens.«

Das alte europäische Jahr ist um.

Wir befinden uns nicht, wie Spengler glaubte, im Herbst eines ausklingenden Jahres, sondern im Januar eines neuen.

Was wir noch lernen müssen

Was wir noch von den Primitiven lernen müssen: Unsere Erde ist nicht das Eigentum einer einzigen Generation.

Sind wir noch normal?

Normal sein heißt einsehen, daß man nicht alles wollen darf, was man möchte.

Wenn dieser Satz stimmt, so muß man sich fragen, ob wir noch normal sind.

Höhlenmalerei
Altamira, Spanien

Stier
Pablo Picasso

Zurück in den Dschungel

Was ist das, ein natürliches Leben?

Unsere Umwelt wird immer mörderischer
und damit immer natürlicher.

Das Überqueren einer Schnellstraße
ist nicht weniger gefährlich
als das Durchschwimmen eines
krokodilverseuchten Flusses.

Kulturen sind Baumschädlinge.

Die Renaissance der
prähistorischen Halbaffen.

Alle Primitiven sind Umweltschützer.

Naturschutz um jeden Preis.

Gott und die Wälder.

Was ist das, ein natürliches Leben?

In zahllosen Büchern und Illustrierten wird behauptet: Wichtigste Voraussetzung, um gesund zu bleiben und alt zu werden, ist ein natürlicher Lebenswandel.

Was ist das, ein natürliches Leben?

Viel Bewegung an der frischen Luft, natürlich gewachsene Nahrung, harmonische Einheit mit Pflanzen und Tieren. Zurück zur Natur!

Die Buschmänner der Kalahari tragen nur einen Lendenschurz. Auf ihren Wanderungen legen sie täglich Entfernungen zurück wie nur wenige Jogger. Sie ernähren sich von Wurzeln, Grassamen, Kerbtieren, Würmern und allerlei jagdbarem Getier, von der Wühlmaus bis zur Giraffe, alles frisch und chemisch unbehandelt, mit anderen Worten, sie leben in vollkommener Harmonie mit der Natur und müßten bei beneidenswerter Gesundheit uralt werden.

Das Gegenteil ist der Fall.

Ihre durchschnittliche Lebenserwartung liegt unter dem 30. Lebensjahr. Wenn man dennoch viele Alte antrifft, dann nur deshalb, weil die kleinen Naturkinder mit 30 bereits so zahnlos und faltig aussehen wie unsere 80jährigen.

Dem afrikanischen Wild ergeht es nicht anders.

Sie leben nicht nur in dem ständigen Streß, gefressen zu werden oder zu verdursten, sondern sind wehrlos Myriaden von Zecken, Blutegeln, Moskitos, Stechfliegen und anderen Plagegeistern ausgeliefert. So gibt es eine Bremse, die ihre Eier in den Nüstern der Antilopen ablegt. Die Maden, die zu Hunderten in den überempfindlichen Nasenlöchern schmarotzen, treiben die Tiere bis an den Rand des Wahnsinns.

Wir übersehen, daß unsere mitteleuropäische Natur bereits ein Kunstprodukt ist. Unsere Wälder sind forstamtlich gehegte Baumkulturen. Unsere Äcker und Felder sind das verzärtelte Resultat der Landwirtschaft. Die Rodung der zivilisationsfeindlichen Urwälder, die Trockenlegung der durch Malaria verseuchten Moore, die Ausrottung von Raubtieren und Ungeziefer haben unsere mörderische Umwelt in einen Garten Eden verwandelt. Die Natur des Freiherrn von Eichendorff unterscheidet sich von der wirklichen wie ein Aquarienfischlein von einem Menschenhai.

Unsere Umwelt wird immer mörderischer und damit immer natürlicher

Die Bundesrepublik ist der viertgrößte Chemieproduzent der Erde. Abgesehen von der ständig überwachten Gruppe der Arzneimittel, der Kosmetika und Pestizide gibt es von den meisten marktgängigen Chemikalien keine Bestandsaufnahme über möglicherweise gefährliche Substanzen.

Der Untersuchungsausschuß des amerikanischen National Toxicology Program warnt seit Jahren vergeblich, daß einige tausend der synthetisierten Substanzen, mit denen wir täglich in Kontakt geraten, reif seien für den Test auf ihre Gesundheitsverträglichkeit.

Da gewissenhafte Toxizitätsprüfungen langwierig und kostspielig sind, wird man auch in Zukunft auf sie verzichten und statt dessen neue profitable Giftstoffe entwickeln.

Unsere Umwelt wird immer mörderischer und damit immer natürlicher im alten ursprünglichen Sinn der Wildnis.

Die neuen Schlangengifte und Moskitoseuchen heißen Dioxin, Pentachlorphenol und Kadmium. Die meisten sind uns nicht einmal bekannt. Sie würgen im Verborgenen. Ganz sicher fallen in unserem Stadtdschungel mehr Menschen den krebserregenden Umweltgiften zum Opfer, als jemals von Säbeltigern und Malariamücken gemordet worden sind.

Das Überqueren einer Schnellstraße ist nicht weniger gefährlich als das Durchschwimmen eines krokodilverseuchten Flusses

»Auf ihren Fahrten in leichten Auslegerbooten verlieren die Eingeborenen der Inseln mehr Männer ans Meer als durch kriegerische Auseinandersetzungen.«

Mit Erstaunen vermerkt Kapitän Cook diesen Satz in seinem Tagebuch. Er kannte nicht die Rekordzahlen unserer Verkehrstoten. Allein in den USA sterben jährlich 50 000 Menschen auf den Straßen. Die Anzahl des überfahrenen Wildes ist um ein Mehrfaches höher als die, die von Jägern und Raubtieren zur Strecke gebracht wird. Das Überqueren einer verkehrsreichen Straße ist nicht weniger gefährlich als das Durchschwimmen eines krokodilverseuchten Flusses.

Kulturen sind Baumschädlinge

Alle Naturvölker haben ein besonders inniges Verhältnis zum Baum. In allen Schöpfungsmythen spielt der Baum eine zentrale Rolle, von der Weltesche Yggdrasill bis zum Baum der Erkenntnis im Garten Eden. Viele afrikanische Stämme glauben wie die Hereros, sie seien aus Bäumen hervorgegangen. Die Missionierung der germanischen Stämme erfolgte immer über die Zerstörung ihrer heiligen Bäume. Erst wenn die Donar-Eiche am Boden lag, war der Weg zum Christentum frei.

»Bäume haben eine Seele«, sagen die Ainus. »Ein alter Baum ist so verehrungswürdig wie ein Greis.« Und die Zulus glauben: »Der Mensch hat nicht Macht über den Baum, sondern der Baum über den Menschen.«

Kulturen sind Baumschädlinge.

Ihr unmäßiger Holzbedarf zerstört die großen zusammenhängenden Wälder. Der römische Schiffsbau hat die ehemals dichten Wälder des Apennins unwiederbringlich verwüstet. Nördlich der Alpen haben die Städte der Gotik die große vorromanische Waldlandschaft zerstört. Mit dem Eisenbahnbau verschwanden die Wälder Nordamerikas. Für das Papier einer gegenwärtigen Sonntagsausgabe der ›New York Times‹ werden 60 000 Bäume benötigt. Das sind mehr als 300 Morgen Wald für eine einzige Zeitung an einem einzigen Tag!

Auch hier wurden die Grenzen der Belastbarkeit längst überschritten. Unsere Wälder sterben. Verantwortungsbewußte Politiker versuchen zu retten, was noch zu retten ist. Zum erstenmal während unserer ganzen Geschichte haben die Bäume nun Vorrang vor den Belangen der Wirtschaft und des Fortschritts. Wir erkennen wieder die alte Weisheit der Primitiven: »Der Mensch hat nicht Macht über den Baum, sondern der Baum über den Menschen.«

Schon einmal hat der ›Baum der Erkenntnis‹ über unsere Existenz entschieden. Und vermutlich wird es auch diesmal wieder eine Vertreibung aus dem Paradies werden.

Die Renaissance der prähistorischen Halbaffen

Zurück-zur-Natur-Bewegungen hat es zu allen Zeiten gegeben, von der alten chinesischen Kultur bis in die Rokokozeit. Eine Oberschicht träumte vom einfachen Leben, von der ländlichen Idylle und von Schäferspielen. Man imitierte, als Faschingslaune gewissermaßen, eine niedere vitale Klasse in Gebräuchen und Kostümen. Kein zivilisierter Mensch aber hätte freiwillig Haus und Herd verlassen, um wie ein Vandalenstamm unter primitivsten Bedingungen in engen unbequemen Zelten auf Massen-Campingplätzen seine knapp bemessene Freizeit zu verbringen.

Kein Kulturvolk wäre jemals auf den Gedanken verfallen, jegliche Zivilisation abzuwerfen und nacktärschig wie die Affen in organisierten Rudeln FKK-Landschaften zu bevölkern.

Dieser Rückfall in die Vorsteinzeit ist eine echte Errungenschaft des Stadtzeitmenschen. Darwin hätte an der Renaissance der prähistorischen Halbaffen seine helle Freude gehabt.

Alle Primitiven sind Umweltschützer

Die Eingeborenen Australiens glauben, daß Bäume, Berge, Flüsse, Pflanzen und Tiere eine brüderliche Einheit mit den Menschen bilden. Alle stehen ständig in unauflöslicher Wechselbeziehung miteinander. In kultischen Geheimversammlungen wird diese Kraft mit magischem Ritual immer wieder neu aktiviert. Nur so vermag die Schöpfung zu überleben.

Die Gegenwart ist sich dieser Wechselwirkung wieder bewußt geworden. Juden, Christen oder Moslems hätten sie nicht verstanden. Für sie besitzt nur der Mensch eine Seele. Die übrige Natur besteht aus seelenlosen Objekten, dazu da, daß der Mensch sie sich untertan mache.

Naturschutz um jeden Preis

Naturschutz ist nicht mehr – wie noch vor wenigen Jahren – eine Privatangelegenheit von Naturschwärmern, Tierfreunden und Hobby-Botanikern. Die Ökologie hat sich mit Recht zu einer ernstzunehmenden Wissenschaft gemausert, deren Diktat sich Wirtschaftskonzerne und Parlamente unterwerfen.

Wohin aber die Rettung bedrohten Lebens um jeden Preis führt, mag das folgende Beispiel verdeutlichen: Die indische Regierung hat nach einem Bericht der Zeitung ›The Statesman‹ (Mai 1985) die Einfuhr von 20 000 Kühen aus der Bundesrepublik Deutschland genehmigt, um sie vor dem Schlachthof zu retten. Die Aktion geht von der Hindu-Gemeinschaft Viswa Dharma Sansad aus, die in einer großangelegten Sammelaktion die Gelder für die heiligen Kühe zusammentrug. Die Tiere sollen in dem strikt hinduistischen Bundesland Tamil Nadu friedlich ihren Lebensabend verbringen.

Man muß sich vor Augen halten, daß das in einem Land geschieht, in dem täglich Hunderte von Menschen verhungern. Und dennoch, wer wollte die Handlungsweise der Hindus geringer bewerten als die Aktionen der deutschen Tierfreunde, die ganze Pferdetransporte aufkaufen, um sie vor den Schlachthöfen Oberitaliens zu bewahren.

Auch die Nächstenliebe zur Natur hat ihre Grenzen, denn der Mensch ist ein Raubtier; und die Tatsache, daß manche Stämme Kühe verschonen, andere Pferde und noch wieder andere Schweine, ist nur von völkerkundlichem Interesse.

Gott und die Wälder

In einer Audienz für europäische Umweltschützer sagte der polnische Papst: »Gott ist der einzige, der den Wald noch retten kann.«

Im Kongo heißt die höchste Gottheit: »Der einzige, der den Urwald ausrotten kann.«

In diesem unterschiedlichen Allmächtigkeitsbegriff offenbart sich die ganze Tragik unserer Wälder.

Höhlenzeichnung
Valtorta

Skulptur
Pablo Picasso

Der magische Kannibalismus

Die neuen Medizinmänner
oder Die Renaissance
des magischen Kannibalismus.

Medizinmänner sind Halbgötter.

Medizin als Wunderdroge.

Der alte Kannibalismus.

Vom Abendmahl zur Organtransplantation
oder Der neue Kannibalismus.

Die Ausschlachtung menschlicher Wracks.

Vom klassischen Krieg zur Kopfjagd.

Das vom Körper befreite Gehirn.

Die Einverleibung eines Mitmenschen.

Blut ist ein ganz besonderer Saft.

Der magische Kannibalismus
trennt die primitiven Stämme
von den Hochkulturen.

Verkaufter Samen und vermietete Bäuche.

Leihmütter so alt wie die Bibel.

Der Handel mit Menschenfleisch.

Tätowierungen und Ziernarben.

Die neuen Medizinmänner oder Die Renaissance des magischen Kannibalismus

Die zeitgenössische Medizin hat die Heilkraft des magischen Rituals neu entdeckt. Ein Zauberelixier für alles heißt ›Placebo‹. Hierbei werden völlig wirkungslose Lösungen, Wasser mit Milchzucker oder Kochsalz, verabreicht. Selbstverständlich weiß der Patient nicht, daß man ihm etwas vormacht. Er erlebt die medizinische Prozedur, glaubt fest an ihre Wirkung und fühlt sich besser.

62 Prozent aller nachoperativen Schmerzen lassen sich durch Placebos nachweislich beseitigen.

Auch viele Operationen haben nur einen Scheineffekt. Bypass-Operationen sind vor allem Psychotherapie. Krebskranke, deren Verfall so weit fortgeschritten ist, daß weitere Behandlung mehr Schaden als Heil verursachen würde, werden scheinbestrahlt. Der Arzt verschafft den Leidenden Erleichterung, indem er sie täuscht.

Die Therapie wird zum magischen Ritual, der Mediziner wird zum Medizinmann.

Medizinmänner sind Halbgötter

Die Jerubaneger glauben an 1700 Götter und an zahllose Halbgötter. Ihre Medizinmänner halten sich für Halbgötter. Bei unseren Medizinern ist es nicht anders.

Der Primitive überschätzt die Fähigkeiten seines Medizinmannes maßlos. Er glaubt, der Allgewaltige könne Wunder vollbringen, die Arznei sei ein Zaubertrank.

Mit unserem Glauben an die Medizin ist es nicht anders. Wir glauben heute allen Ernstes, die Abschaffung aller Krankheiten sei nur eine Frage der Zeit und des Geldes. Alter und Tod seien Pannen, die sich mit verbesserten Techniken und erweitertem Wissen beheben ließen.

Wenn die Tuberkulose im letzten Jahrhundert fast ausgerottet worden ist, so liegt das vor allem an der besseren Ernährung und an den verbesserten Wohnverhältnissen. Es stimmt nicht, daß die höhere Lebenserwartung und der Sieg über die klassischen Seuchen ein Erfolg der Medizin ist. In Portugal gibt es nur einen Bruchteil unserer medizinischen Betreuung, und doch 'ist die Lebenserwartung dort nicht geringer als bei uns.

Nicht anders verhält es sich mit den Krebsheilungen. Glaubt man der Deutschen Krebshilfe, so können 35 Prozent der Krebskranken gerettet werden. Man muß jedoch wissen, daß diese Statistik nur von den hoffnungsvollen Fällen spricht. Zwei Drittel aller Krebskranken gelten von vornherein als unheilbar und tauchen in dieser Statistik erst gar nicht auf. In Wirklichkeit überleben also nur 35 Prozent von einem Drittel.

Zieht man alle Erkrankungen in diese Statistik mit ein, so liegt der Anteil der Überlebenden bei 10 Prozent. Aber auch das ist noch zu hoch gegriffen, da als Maßstab für eine Heilung die Fünfjahresgrenze gilt. Wer nach fünf Jahren einen Rückfall bekommt, gilt trotzdem als geheilt.

Eine ungeschminkte Statistik beweist nur, daß unsere Krebsmedizin völlig erfolglos ist. Natürlich sind auch hier, wie bei den afrikanischen Medizinmännern, Zufallsheilungen – sprich Wunder – nicht ausgeschlossen.

Der alte Kannibalismus

In den steinzeitlichen Höhlen werden immer wieder menschliche Schädel ausgegraben, die man offensichtlich wie Kokosnüsse zerschlagen hat, um an den Inhalt zu gelangen. Seltsamerweise finden sich solche Schädelfragmente häufig in Ablagerungsschichten, die von üppigem Wildreichtum künden.

Was immer unsere primitiven Vorfahren dazu bewogen haben mag, das Gehirn ihrer Artgenossen zu fressen – Hunger kann es nicht gewesen sein.

Im Mittelpunkt vieler primitiver Stammeskulte steht die Magie des Blutes. Nach uralter Auffassung enthält das Blut nicht nur die Lebenskraft, sondern auch alle Eigenschaften eines Geschöpfes. In unserer Sprache lebt noch etwas von dieser Vorstellung, wenn wir von ›heißblütig‹ oder ›blaublütig‹ sprechen. Mit der Einverleibung eines Menschen können Körper- und Verstandeskräfte von einem Individuum auf ein anderes übertragen werden.

Der amerikanische Historiker Francis Parkmann beschreibt, wie die Huronenindianer ihre Gefangenen zu Tode quälten. Wenn das Opfer nicht mindestens 24 Stunden mit dem Tode rang, so empfanden das alle Beteiligten als Schande. Besaß der Gefangene auch nur ein Mindestmaß an Selbstachtung, so benahm er sich, als sei sein Los eine große Ehre. Wenn er tot war, so wurde er aufgeschnitten, und die Huronen aßen von seinem Körper, nicht aus Gefallen an Menschenfleisch, sondern um die Tugenden eines edlen Kriegers in sich aufzunehmen.

Vom Abendmahl zur Organtransplantation oder Der neue Kannibalismus

Auf dem afrikanischen Kontinent gibt es das blutige Opferritual des Seretlo. Bis in die Gegenwart ereignen sich solche magischen Tötungen. Nicht nur in dem unwegsamen Bergland von Lesotho, sondern selbst in den großen Städten wie Soweto werden immer wieder verstümmelte Leichen gefunden, die zur Medizingewinnung mißbraucht wurden.

Beim afrikanischen Seretlo werden Blut, Kopfhaut, Augen, Ohren, Nase, Zunge und bisweilen auch Herz und Finger zu einer magischen Speise verarbeitet, dem sogenannten Sehoere. Dabei glaubt man die Lebenskräfte des Opfers in sich aufzunehmen.

Wie tief dieser uralte Blutkult auch noch in unserem Empfinden verwurzelt war, erkennt man am Abendmahl, bei dem der Priester den mit dem »wahren Blut« Christi gefüllten Kelch an die Lippen führt »zur Vergebung der Sünden«.

Der Skalp verlieh den Indianern kriegerische Überlegenheit. Der Schrumpfkopf garantierte dem Kopfjäger unerschöpfliche Potenz. Mit dem Gehirn des erschlagenen Feindes erweiterte der Höhlenbewohner seine körperliche und intellektuelle Vitalität.

Es gibt keinen Kannibalismus, bei dem Menschen von Menschen gefressen werden, um den Hunger zu stillen. Man aß von einem Opfer, um sich dessen Kraft einzuverleiben. Man trank von seinem Blut, weil es Jugend oder übernatürliche Potenz verlieh. Das heißt, es waren medizinische Gründe, die den Menschen dazu bewogen, andere Menschen für sich zu verwerten. Deshalb spricht man auch bei der Herstellung des Sehoere von »Medizingewinnung«. Die Einverleibung bestimmter Körperteile von einem Spender erfüllten den Empfänger mit neuer Lebensdynamik.

Nicht anders verhält es sich mit der Organtransplantation der modernen Medizin. An dieser Stelle erfolgt meist der entrüstete Einwand, daß unsere Medizin Organe von Toten verwendet, während beim magischen Kannibalismus ein Lebender geopfert wird. Aber stimmt das wirklich?

Vielleicht besänftigen wir nur unser schlechtes Gewissen, wenn wir behaupten, der Spender einer Niere sei ›klinisch tot‹. Wann ist ein Mensch tot?

Die Tatsache, daß seine Organe noch mit ganzer Intensität leben – sonst ließen sie sich ja nicht verwenden –, sind ein makabrer Beweis dafür, daß auch unsere Opfer bei der Organentnahme noch leben.

Die Ausschlachtung menschlicher Wracks

In der Sowjetunion wurde die Ausschlachtung tödlich Verunglückter bereits zum Gesetz erhoben. Im freien Westen ist man vorläufig noch auf freiwillige Organspenden angewiesen. Wie freiwillig diese Opfer jedoch in Zukunft sein werden, erkennt man an der beängstigenden Tatsache, daß sowohl die ›New York Times‹ als auch die ›Prawda‹ bereits Spekulationen darüber anstellten, daß schon bald mit Verbrecherorganisationen zu rechnen sei, die morden werden, um den ständig steigenden Bedarf von gesunden Organen über den Schwarzen Markt zu decken.

Vom klassischen Krieg zur Kopfjagd

In dieser Entwicklung wäre es nur folgerichtig, wenn unsere Enkel wie die Kopfjäger Neuguineas eines Tages Kriege führen werden, die ausschließlich der Gewinnung von Körperteilen dienen. So barbarisch und ungeheuerlich diese Menschenjagd auch auf den ersten Blick erscheinen mag, im Grunde ist sie moralisch höher zu bewerten als unsere klassischen Kriege, bei denen Menschen völlig sinnlos abgeknallt werden, nur um sie zu eliminieren. Mit Recht erachten wir die Jagd oder die Schlachtung eines Tieres für weniger frevelhaft als seine sinnlose Ausrottung, nur aus Freude am Töten. Es ist nicht einzusehen, warum das nicht auch für den Menschen gelten sollte.

Das vom Körper befreite Gehirn

Die Kopfjagd als Nachfolgerin des Krieges ist um so wahrscheinlicher, da in Zukunft nicht nur die Medizin immer mehr Transplantate benötigen wird, sondern auch die Computertechnik. In einer mehr und mehr biologisch orientierten Industrie werden neben elektronischen Gehirnen auch lebendige treten, da sie für bestimmte Aufgaben besser geeignet sind. Professor Robert White, ehemaliger Chef des Metropolitan-Krankenhauses in New Cleveland, hat schon 1974 experimentell nachgewiesen, daß man Gehirne von ihren Körpern trennen und voll funktionsfähig am Leben erhalten kann. Er entfernte einem Rhesusaffen das Gehirn und schloß es an eine Blutkreislauf-Maschine an; dabei stellte er fest, daß die Gehirntätigkeit sogar besser funktionierte als vorher, da das Gehirn – befreit vom Körper und den Sinneswahrnehmungen – unbeeinflußter und freier zu denken vermochte.

Die Einverleibung eines Mitmenschen

Die meisten Patienten leiden nach einer Herz- oder Nierentransplantation unter Persönlichkeitsveränderungen. Dieses Phänomen mit dem wissenschaftlichen Namen ›Psychological Transplant‹ muß unserer materialistischen Medizin rätselhaft erscheinen.

Dr. Copeland, Chefchirurg an der Universität Arizona, wundert sich: »Seltsamerweise gewinnen ältere und depressive Empfänger mit den Organen eines jungen Spenders oft eine erstaunliche Vitalität zurück, während andere – vor allem Frauen – von schweren Schuldkomplexen gequält werden.«

Die Persönlichkeitsveränderung ist so offensichtlich, daß zwei Drittel aller Verheirateten schwere Ehekrisen durchmachen, weil der andere seinem Partner fremd erscheint. Ein Patient mit einem neuen Herzen berichtet in dem Fachmagazin ›Psychology Today‹: »Ich lebe in dem Gefühl, ständig von einem anderen Menschen begleitet zu werden. Er ist mein zweiter Schatten und beeinflußt alle meine Handlungen.«

Dieser Satz könnte auch von einem Irokesen stammen, der sich das Herz eines Feindes einverleibt hat, um mit Hilfe des Geopferten stärker und unüberwindlicher zu werden.

Frischzellentherapie aus dem Gewebe ungeborener Lämmer oder menschlicher Embryonen war nur ein bescheidener Anfang. Der ›Psychological Transplant‹ öffnet völlig neue Pforten. Die Renaissance des magischen Kannibalismus hat bereits begonnen.

Blut ist ein ganz besonderer Saft

Spätestens seit Hiroshima weiß jeder, was Eingeweihten schon zu allen Zeiten bekannt war, nämlich daß Materie nur eine andere Zustandsform der Energie ist.

Mit dem Leben verhält es sich nicht anders. Körper und Geist-Seele sind nur verschiedene Aggregatzustände ein und desselben. Das eine ist ohne das andere nicht existent. Jede Zelle unseres Leibes, jeder Tropfen Blut ist in Wahrheit nichts anderes als ein Teil unserer materiegewordenen Persönlichkeit.

»Blut ist ein ganz besonderer Saft«, heißt es bei Goethe, als Faust den Teufelspakt mit eigenem Blut unterschreibt. Die Christen messen dem besonderen Saft solch elementare Bedeutung bei, daß sie noch 2000 Jahre nach der Hinrichtung ihres Heilands an die erlösende Kraft seines Blutes glauben.

Alle primitiven Stämme wissen um diese Zusammenhänge. Der Brauch der Blutsbrüderschaft basiert darauf. Zwei Männer, die ihr Blut miteinander vermischen, werden zu Blutsbrüdern, so wie zwei Liebende, die in geschlechtlicher Vereinigung miteinander verschmelzen. Der magische Kannibalismus, bei dem man sich das Fleisch eines tapferen edlen Kriegers einverleibt, entspringt der gleichen Quelle.

Auch alle alten Kulturvölker wußten von diesen Dingen. Kriegerisch wie sie waren, scheuten sie sich nicht, das Leben ihrer Feinde zu zerstören, aber sie hätten es als entsetzlichen Frevel empfunden, sich ihr Blut oder ihre Organe einzuverleiben.

Der magische Kannibalismus trennt die primitiven Stämme von den Hochkulturen

Der magische Kannibalismus trennt die primitiven Stämme messerscharf von den Hochkulturen. Eine Bluttransfusion oder eine Herzverpflanzung wäre von einem Ägypter empört abgelehnt worden. Er schätzte das Herz höher ein als das Gehirn und hielt es für den Sitz aller Gefühle und Gedanken bis über den Tod hinaus. Denn wie Juden, Christen und Moslems glaubte er an eine Auferstehung des Fleisches. Noch bis in unser Jahrhundert hinein verlangte die Kirche, daß amputierte Gliedmaßen auf dem Friedhof neben dem Körper bestattet werden mußten.

Kreuzritter, Mamelucken und Samurais wären lieber gestorben, als daß sie zugelassen hätten, anonyme Blutreserven in die Adern gepumpt zu bekommen. Die Spermien des Mannes galten als so beseelt, daß ihr Mißbrauch als eine Art Kindesmord geahndet wurde. Im Alten Testament wird Onan von Jahwe verflucht, weil er seinen Samen auf die Erde hat fallen lassen. Sein Verbrechen war nicht Onanie, die damit ihren Namen zu Unrecht trägt, sondern Coitus interruptus.

In der Pariser ›Le Monde‹ vom 14. 9. 84 stand zu lesen: »Ein guter Rat: Erkundigen Sie sich sorgfältig, bevor Sie Ihren Körper der Wissenschaft vermachen. Das kann Ihnen eine ganze Menge Geld einbringen. Verkaufen Sie Ihre Organe schon zu Lebzeiten, statt sie testamentarisch zu vermachen, natürlich nicht im ganzen, sondern einzeln.«

Verkaufter Samen und vermietete Bäuche

Eine Londoner Privatklinik verdient mit Nieren, die aus den USA importiert werden, jährlich vier Millionen Pfund. Dabei steigen die Preise für gebrauchte Nieren schneller als derzeit die Benzinpreise. In Europa ist der Handel mit Menschenfleisch (noch) verboten. Aber die Nachfrage ist so groß, daß man, um das Angebot anzuheizen, den Spendern ›Entschädigungen‹ in beträchtlicher Höhe anbietet. Wie bei aller feilgebotenen Ware wird auch hier der Preis von der Qualität und der Rarität bestimmt.

Medizinstudenten mit guten Beziehungen zu Gynäkologen stellen regelmäßig ihren ›Spermienballast‹ zur Verfügung, um ihr Taschengeld aufzubessern. Es interessiert sie nicht, ob ihr Erbgut zur Zeugung eines Retortenbabys oder einer direkten Insemination mit wem auch immer benutzt wird. Wenn sie eines Tages ihren Kindern zufällig begegnen sollten, so werden sie sie nicht erkennen. Das Verhältnis zu den Nachkommen ist so anonym und beziehungslos wie sonst nur unter niederen Tierarten.

Das ist bei den Frauen nicht anders. Die Miete eines weiblichen Bauches kostet in den Vereinigten Staaten gegenwärtig zwischen 10 000 und 12 000 Dollar für neun Monate, zahlbar in drei Raten, bei der Insemination, nach Ablauf des fünften Schwangerschaftsmonats und bei Lieferung des Kindes.

Leihmütter so alt wie die Bibel

Daß wir auch auf dem Gebiet der Leihmütter kein Neuland betreten, sondern uns in Richtung Vorzeit bewegen, davon vermag sich jeder selbst zu überzeugen, der ein Altes Testament zur Hand hat. Im 1. Buch Moses 30, Vers 1 bis 6 steht zu lesen: »Da Rahel sah, daß sie dem Jakob kein Kind gebar, sprach sie zu Jakob: Schaffe mir Kinder. Siehe, da ist meine Magd Bilha. Gehe zu ihr, daß sie auf meinem Schoß gebäre. Und sie gab ihm also Bilha, ihre Magd, zum Weibe. Also ward Bilha schwanger und gebar Jakob einen Sohn. Da sprach Rahel: Gott hat meine Sache gerichtet und meine Stimme erhört und mir einen Sohn gegeben. Darum hieß sie ihn Dan.«

Und Dan war nicht der einzige Sohn Jakobs, der von einer Leihmutter stammte.

Der Handel mit Menschenfleisch

Es gibt in jeder größeren Stadt Banken und Agenturen für Gebärmütter, Blutkonserven, Hornhäute, Herzen und Nieren, die meistens von den Erben Verstorbener zu Geld gemacht werden. Besonders gefragt sind Abtreibungen und Frühgeburten im dritten Schwangerschaftsmonat. Ihr Organgewebe verursacht noch keinen Abstoßungseffekt beim Empfänger.

›Le Monde‹ prophezeit: »Man wird schon bald tiefgefrorene Embryos auf den Markt bringen, die bei der ständig steigenden Nachfrage in Amerika wie warme Semmeln weggehen werden.« Und vermutlich werden sie auch wesentlich billiger sein als eine Schrumpfkopf-Trophäe oder ein Indianerskalp.

Tätowierungen und Ziernarben

In vielen primitiven Stämmen spielen Tätowierungen, Ziernarben und andere kosmetische Operationen eine bedeutende Rolle. So erweitern einige Stämme im südlichen Afrika ihre Ohrläppchen bis auf Untertassengröße. Andere durchstoßen sich die Nasenscheidewand, und wieder andere brechen sich die oberen Schneidezähne heraus. Diese oft sehr schmerzhaften Prozeduren haben keinen praktischen Sinn. Man glaubt allen Ernstes, der Erfolg eines Mannes hinge vom Entfernen der Schneidezähne ab.

In Amerika haben seit 1983 Schönheitsoperationen in solchem Ausmaß zugenommen, daß die Plastische Chirurgie gegenwärtig (1985) mit zwei Milliarden Dollar Umsatz die am schnellsten wachsende medizinische Disziplin darstellt. Dabei nimmt die Zahl der männlichen Patienten schneller zu als die der weiblichen.

Wie bei den Primitiven haben auch diese Kultoperationen keinen Sinn. Man glaubt allen Ernstes, der Erfolg eines Mannes hinge vom Entfernen seiner Tränensäcke ab.

Stoffmuster
Nupe, Sudan

Malerei (Detail)
Joan Miró

Der neue Ahnenkult

Die Ahnen weilen unter uns.

Der Stamm der Stadtzeitmenschen
wird ein Stamm von Greisen sein.

Es gibt keine freieren Menschen
als alte Menschen.

Wir werden immer konservativer.
Naturkinder leben so,
als ob sie immer lebten.

Der Tod ist tot. Er wurde mit der
Todesstrafe abgeschafft.

Je weniger Individualität ein
Organismus besitzt,
um so weniger empfindet
er seinen Tod.

Die Ahnen weilen unter uns

Für alle Primitiven ist der Ahnenkult der wichtigste Lebensinhalt des Menschen, denn die Lebenden sind nichts weiter als das erste Glied in der rückwärts verlaufenden langen Kette der Vorfahren. Das Leben ist eine ständige Beziehung zwischen den Lebenden und den Toten. Dabei weilen die Toten nicht in einem fernen Paradies über den Wolken, sondern sie haben aktiv Anteil am Leben ihrer Familie. Das ist nicht etwa nur eine übertragene symbolische Auffassung, sondern eine Realität. Wenn ein Zulu sich eine Hütte errichtet, so wird in tagelangem Zeremoniell erst der Einzug der Ahnen in die Hütte vorbereitet. Erst wenn sie eingezogen sind, betreten die Lebenden die neue Wohnstatt. Das gilt bis in die Gegenwart. In solch einer Einraumhütte leben mehr Personen als in einem modernen Wohnblock. Denn für diese Menschen sind die Toten wirklich anwesend.

Die Bevölkerung der westlichen Industrieländer wird bei stetigem Geburtenrückgang immer älter. Der Anteil der Alten ist bereits so groß, daß man von einer auf den Kopf gestellten Bevölkerungspyramide spricht. Da alte Menschen im Ruhestand rückwärts orientiert sind – der aktive und interessanteste Teil ihres Lebens liegt hinter ihnen –, so wird unsere Gesellschaft immer konservativer.

Hinzu kommt, daß die Rentner immer marktbestimmender, das heißt wichtiger werden. Schon heute werden in den USA drei Viertel aller Weltreisen von Menschen über 60 gebucht. Neue Wissenschaften, wie die Gerontologie, widmen sich dem Alter. Senioren-Discos und Senioren-Clubs schießen aus dem Boden, Senioren-Mode, Senioren-Diät, Senioren-Bedarfsartikel von der Gebißhaftcreme bis zum Evergreen beschäftigen ganze Industrien. Wie bei allen Neuerungen ist Amerika auf dem Gebiet des stadtzeitlichen Ahnenkultes führend.

Der Unterschied zum steinzeitlichen Ahnenkult ist nur der, daß unsere Ahnen nicht tot sind, sondern lebendig und leibhaftig unter uns weilen. Aber das tun sie auch in den primitiven Stämmen Afrikas, wie wir zu Anfang dieses Kapitels darlegten.

Der Stamm der Stadtzeitmenschen wird ein Stamm von Greisen sein

Die mittelalterliche Gesellschaft war für heutige Begriffe der reinste Kindergarten. Man hat errechnet, daß die Hälfte der Bevölkerung unter 21 war. Jeder Dritte war jünger als 14.

In den reichen Industrienationen nehmen die Alten in erschreckender Weise zu. In Japan wird demnächst jeder Arbeitnehmer für vier Rentner mitverdienen müssen. In den USA werden es um die Jahrtausendwende fünf sein, wohlgemerkt, fünf Alte. Kinder, Versehrte und Arbeitslose nicht mitgerechnet.

Kann sich unsere Gesellschaft das leisten?

Wie dem auch sei, fest steht: Der Stamm der Stadtzeitmenschen wird ein Stamm von Greisen sein.

Es gibt keine freieren Menschen als alte Menschen

Im Stamm der Stadtzeitmenschen wird das Alter wieder die führende Rolle spielen, die ihr zu allen Zeiten in allen Stammesgemeinschaften zukam: Altsein ist schön! Die medizinische und soziale Versorgung macht die Alten so unabhängig wie keine andere Altersklasse. Da die Körperkraft in unserer technischen Umwelt immer weniger ins Gewicht fällt, verliert das Alter seine Gebrechlichkeit. Ein 70jähriger bewegt sich in seinem Auto genau so schnell und ausdauernd wie ein 17jähriger.

Trotz Falten und Zipperlein ist das Alter bereits heute der sorgenfreieste Lebensabschnitt, unbelastet von Verpflichtungen der vielfältigsten Art. Arbeitslosigkeit ist keine Sorge, sondern ein Vorrecht. Es gibt keine Vorgesetzten mehr, keinen Streß und keinen Existenzkampf. Es gibt keine freieren Menschen als alte Menschen.

Die gleichen Worte gebrauchte der Indianerhäuptling Sitting Bull: »Nobody is as free as an old man.«

Für die Griechen des klassischen Altertums war das Greisenalter eine Katastrophe. Sie sagten: »Wen die Götter lieben, den lassen sie jung sterben.«

Wir werden immer konservativer

Durch die Verlängerung der Lebensdauer in den Industrieländern wird die Anzahl der Alten immer größer, ihr Einfluß immer gewichtiger. Das heißt, wir werden immer konservativer.

Naturkinder leben so, als ob sie immer lebten

Der Mensch stirbt im Laufe seines Lebens mehrmals und wird mehrmals neu geboren, so glauben die Naturvölker Afrikas. Mit der Beschneidung stirbt die Kindheit. Ein neuer Mensch wird geboren. Der Beschnittene erhält sogar einen neuen Namen. Mit der Geburt des ersten Sohnes endet diese Existenz. Ein neues Leben beginnt. Man wird in den Ahnenkult aufgenommen, denn ohne Sohn zerreißt das ewige Band zwischen den Lebendigen und den Toten. Der Vater erhält einen neuen Namen. Im Gegensatz zu uns wird er nach dem Sohn benannt. Deshalb sind Sexualität, Zeugung und Gebären wichtige Bestandteile der Religion, sehr zum Greuel aller puritanischen Missionare.

Der klinische Tod ist ein Ereignis wie die Beschneidung und die Zeugung des Erstgeborenen, denn man lebt ja weiter, nicht in einem fernen Paradies über den Wolken, sondern mitten unter den Seinen. Deshalb ist der Tod auch gar kein so einschneidendes Ereignis wie in den Hochkulturen.

Das zentrale Thema aller Kulturmenschen ist der Tod. Der Mensch vermag es nicht zu fassen, daß seine Tage wie bei einem zum Tode Verurteilten gezählt sind. Die Erkenntnis seiner Vergänglichkeit überfordert die Kräfte seines Verstandes. Eine ergreifende Todesklage klingt durch alle Kulturen vom *Gilgamesch-Epos* bis zum *Jedermann.*

Naturkinder leben seltsamerweise so, als ob sie immer lebten. Und genauso leben wir.

Der Tod ist tot. Er wurde mit der Todesstrafe abgeschafft

Zu keiner Zeit wurde der Tod so endgültig verdrängt wie in unserer. Wir sterben nicht, wir entschlafen. Wir enden nicht auf dem Totenacker, sondern ruhen auf dem Friedhof. Unsere Helden fallen, und selbst unsere Hunde gehen ein oder werden eingeschläfert.

Für den Stamm der Stadtzeitmenschen findet der Tod nicht statt. Wir haben ihn mit der Todesstrafe abgeschafft.

Je weniger Individualität ein Organismus besitzt, um so weniger empfindet er seinen Tod

Bakterien sind praktisch unsterblich. Die einzelne Zelle teilt sich und lebt, teilt sich und lebt unbegrenzt fort. Hierbei überlebt die Population, nicht aber das einzelne Zellindividuum. Da Bakterien aber keine Individualität besitzen, sind sie unsterblich. Der Begriff des Todes ist mit der Individualität verknüpft. Tod bedeutet immer endgültiger Verlust der Individualität. Je weniger Individualität ein Organismus besitzt, um so weniger empfindet er seinen Tod. Das gilt auch für Kulturen und Stämme.

Buschmannzeichnung
Kalahariwüste

Stilleben (Detail)
Max Pechstein

Vom Wissen zum Staunen

Unser Fortschritt basiert ausschließlich auf Gruppenwissen.

Der Neandertaler und wir.

Unser Wissen entmündigt uns.

Der schwachsinnige Gigant.

Ohne Strom sind unsere Städte unbewohnbar.

Wie nennt man eine Zahl mit 23 Nullen?

Die Angst vor dem namenlosen Grauen.

Die Furcht der Verrückten.

Die Menschheit und die ›Fischheit‹.

Vom Priester zum Magier.

Unser Fortschritt basiert ausschließlich auf Gruppenwissen

Wenn man die Professoren einer Technischen Universität in eine unbewohnte Wildnis verbannen würde, so würden sie primitiver dahinvegetieren als jeder steinzeitliche Sammler, der ohne technische Hilfsmittel und nur auf sich selbst gestellt in der Lage wäre, Fährten zu lesen, Schlingen zu legen, Heilkräuter zu erkennen, Feuer zu entfachen und vieles mehr.

Unser Fortschritt beruht ausschließlich auf Gruppenwissen. Ein einzelner ist nicht in der Lage, ein Auto zu bauen, ein Fernsehgerät zu konstruieren oder Strom zu erzeugen. Wir existieren nur als Zellen in einem gewaltigen Organismus, dem wir auf Gedeih und Verderben ausgeliefert sind. Wenn dieser Organismus zerfällt, so vegetieren die Überlebenden innerhalb einer Generation auf noch niedrigeren Existenzstufen als die alten Höhlenbewohner.

Der Neandertaler und wir

Die meisten Menschen stellen sich den Neandertaler viel primitiver vor, als er wirklich war. Sein Schädelinhalt war nicht kleiner als der unsrige. Unser Gehirnvolumen hat seit 100 000 Jahren keinen Größenzuwachs mehr erfahren. Mit seinem Gehirn wäre der Neandertaler durchaus in der Lage gewesen, in der heutigen Gesellschaft ein Universitätsstudium zu absolvieren. Umgekehrt würde die heutige verweichlichte Menschheit unter den primitiven rauhen Lebensbedingungen des Neandertalers innerhalb weniger Wochen aussterben.

Unser Wissen entmündigt uns

Wir leben in einer Zeit, in der immer mehr Menschen immer mehr wissen, aber immer weniger können.

Der heutige Mensch weiß sehr viel mehr als seine Vorfahren, aber er kann sehr viel weniger. Unsere Kinder pauken in der Schule die kompliziertesten biogenetischen Theorien, aber sie können nicht mehr einen ertragreichen Garten anlegen. Ingenieure, die neue Raketentriebwerke berechnen, sind nicht in der Lage, ihre eigenen Autos zu reparieren. Architekten, die ganze Stadtlandschaften planen, sind zu ungeschickt, um mit ihren eigenen Händen einen einfachen Kamin zu mauern. Immer mehr junge Menschen drängen zu den höheren Schulen und in die Universitäten, um sich theoretisches Wissen auf Kosten von praktischem Können vermitteln zu lassen. Die Überbewertung des Gehirns entmündigt uns mehr und mehr und macht uns immer abhängiger von kompliziertester elektronischer Technik.

Der schwachsinnige Gigant

Unser lawinenartig angewachsenes Wissen läßt sich nur noch mit Computern bewältigen. Computer aber sind keine ehernen Gesetzestafeln, die ihre eingemeißelten

Botschaften über Jahrtausende bewahren. Unsere Elektronengehirne tragen ihre Namen zu Recht, denn sie sind so empfindlich und existenzbedroht wie unsere lebendigen Gehirne. Bekanntlich trägt das Gehirn irreparable Schäden davon, wenn es nur wenige Minuten nicht durchblutet wird. Das gleiche gilt für unsere Elektronengehirne. Die Datenspeicherung erfolgt mit Hilfe des elektrischen Stroms. Bei einem Stromausfall von nur wenigen Minuten erlöschen sämtliche gespeicherten Werte. Sie gehen so unwiederbringlich verloren wie der lebendige Gedanke eines gestorbenen menschlichen Gehirns. Aus diesem Grund werden keine Datenspeicheranlagen ohne Notstromaggregate gebaut, die automatisch einspringen, wenn der Strom ausfällt.

Was aber geschieht, wenn aufgrund kriegerischer oder katastrophenartiger Einflüsse die Notstromaggregate ausfallen?

Verständlicherweise werden immer die Waffen warnend hervorgehoben, die unsere körperliche Existenz direkt bedrohen, die atomaren, biologischen und chemischen. Viel gefährlicher aber für unsere hochentwickelte, industrielle Zivilisation sind die Forschungsarbeiten am sogenannten ›Superflash‹, eine Art elektrischer Blitz, der, von erdumkreisenden Raumstationen ausgelöst, das gespeicherte Wissen des Gegners löscht. Jede moderne Wirtschaftsmacht würde dadurch zu einem nicht mehr handlungsfähigen, schwachsinnigen Giganten degradiert werden.

Ohne Strom sind unsere Städte unbewohnbar

Seltsamerweise sind sich die meisten Menschen ihrer völligen Hilflosigkeit ohne Technik gar nicht bewußt. Der berühmt gewordene Stromausfall von New York, der nur wenige Stunden dauerte, legte eine ganze Stadt lahm. Millionen Menschen waren zu Untätigkeit verbannt, wie Ameisen, denen man die Beine ausgerissen hatte. Das lag nicht nur am Stillstand aller Fahrstühle, Stadtbahnen und Verkehrsampelsysteme, sondern vor allem daran, daß unsere Städte ohne Strom völlig unbewohnbar sind. Wenn in unseren vollklimatisierten Verwaltungsbauten und Warenhäusern die Technik versagt, so müssen die Angestellten und Kunden die Bauten fluchtartig verlassen. Denn die nicht mehr zu öffnenden Fensterfassaden schließen den umbauten Raum so hermetisch von der Außenwelt ab, daß Erstickungsgefahr droht.

Wie nennt man eine Zahl mit 23 Nullen?

Alle höheren Zivilisationen wollen die Welt mit dem Verstand erfassen. Sie wollen begreifen, wo Naturkinder mit offenem Mund staunen. Alle alten Kulturen haben die Gesetze des gestirnten Himmels studiert, haben Kalender entwickelt und kosmische Ereignisse, wie Sonnenfinsternisse und Springfluten, vorausberechnet. Anders die Primitiven. Die Ureinwohner Feuerlands zählen nur bis drei. Alles darüber ist viel. Die alten indogermanischen Stämme kannten nur Zahlwörter bis 100. Dahinter lag die Unendlichkeit. Die Buschmänner der Kalahari glauben, die Wüste sei »undenkbar« groß, der Mond hänge »undenkbar« hoch.

Die griechischen Naturphilosophen begnügten sich nicht mit diesen kindlichen Vorstellungen. Sie berechneten die Entfernung des Mondes sehr genau. Im Gegensatz zu den Primitiven lebte man in der Überzeugung, daß sich die Schöpfung mit dem Verstand erfassen ließe.

Diese Meinung galt noch bis in unser Jahrhundert hinein. Man glaubte allen Ernstes, daß sich das Universum schon bald »aus einigen wenigen Regeln und Gesetzen erklären« ließe. Die Messungen wurden immer exakter und realistischer: Die Erde ist 4 700 000 000 Jahre alt (Stand 1984). Die Entfernung zum Andromedanebel beträgt 2,25 Millionen Lichtjahre. Er entfernt sich von uns mit einer Fluchtgeschwindigkeit von 135 000 Kilometern pro Sekunde. Die kleinste Zeiteinheit ist das Chronon, das aus der Zerfallzeit physikalischer Elementarteilchen abgeleitet wird. Ein Chronon ist der 1^{-23}. Teil einer Sekunde.

Wie nennt man eine Zahl mit 23 Nullen?

Ein Buschmann würde sagen: Die Erde ist »undenkbar« alt. Der Andromedanebel ist »undenkbar« fern, und das Chronon ist »undenkbar« klein.

Wir geben ihm recht, denn es ergeht uns wie ihm:

Wir vermögen die Welt nicht mehr zu begreifen. Wir können nur noch mit offenem Mund staunen.

Die Angst vor dem namenlosen Grauen

Die treibende Kraft aller primitiven Religionen ist die Angst. Götter und Dämonen sind nicht gütig, sondern launisch und böse. Man muß sie durch Opfer, Magie und Tabu besänftigen. Selbst der zum Alltag gehörende rituelle Verkehr mit den Toten wird bei aller Vertrautheit vor allem von der Furcht diktiert. Der Primitive lebt in ständiger Angst vor dem namenlosen Grauen.

Jeder fünfte erwachsene Amerikaner leidet unter Angstzuständen, Phobien, Panikanfällen und neurotischem Zwangsverhalten. Aus einer Studie des National Institute of Mental Health im September 1984 geht hervor, daß in den USA 30 Millionen Menschen unter psychischen Störungen leiden. Angstgefühle sind die am häufigsten auftretenden Symptome. Hierbei handelt es sich nicht um die begründete Furcht vor etwas ganz Bestimmtem, dem Verlust des Arbeitsplatzes oder vor einer bevorstehenden Operation, sondern um eine unerklärliche primitive Angst vor dem namenlosen Grauen.

Die Furcht der Verrückten

Bei Seneca fand ich den Satz: »Ich weiß nicht, wie es kommt, daß grundlose Angst uns mehr mit Bestürzung erfüllt als realistische Bedrohung. Keine Furcht ist so verderblich wie die von Wahnsinnigen und kleinen Kindern.«

Das gilt auch für primitive Naturkinder und Stadtzeitprimitive.

Die Menschheit und die ›Fischheit‹

Alle Hochkulturen glaubten, daß der Mensch das Abbild Gottes sei, die Krone der Schöpfung.

In primitiven Gesellschaften genießt der Mensch keine Sonderstellung. Heilige Ratten und göttliche Krokodile sind gleichwertige Kreaturen. Ein Papua hätte Platos oder Goethes Menschheitsideal nicht verstanden, wohl aber Carl Amery, der schrieb: »Ich halte nichts von einer Sonderstellung des Menschen in der Natur. Die Menschheit ist nicht besser als die ›Fischheit‹ und die ›Regenwurmheit‹.«

Genauso empfindet die neue Generation.

Vom Priester zum Magier

Der afrikanische Erzbischof Emmanuel Melingo aus Lusaka, dem aus ganz Afrika Verhexte und Besessene zuströmten, warf der römischen Kurie vor: »In der Kirche der Weißen fühlen wir Schwarzen uns wie Fremde. Wir fordern mehr Respekt vor unseren Stammeswerten!«

Papst Johannes Paul II. rief den rebellischen Geistlichen 1982 nach Rom, um ihn aus dem afrikanisch-magischen Verkehr zu ziehen. Seitdem füllt er in Rom die Kirchen. Der Zustrom der Menschen ist hier so groß, daß der Vatikan ihn vor der gläubigen Menge verstecken muß.

»Ich glaube«, sagte Erzbischof Melingo, »man braucht mich in Europa noch dringender als in Afrika.«

Felszeichnung
Südwest-Afrika

Architektenzeichnung
Deutschland, 1980

Der Krieg ist tot, es lebe die Kopfjagd!

Der Krieg ist eine Erfindung
der Hochkulturen.

Der Rüstungswahn der Primitiven.

Kampf dem Ungeziefer!

Der Dschungel von New York
hat den klassischen Krieg
bereits überholt.

Vorsicht, bissiger Mensch!

Die Waffen der Medizinmänner.

Der letzte Friedensvertrag.

Angst verbreiten
und herrschen.

Neue Totems.

Unsere gefährlichste Waffe
ist die Sprache.

Kampf mit allen Mitteln.

Der Krieg ist eine Erfindung der Hochkulturen

Der Krieg als Fortsetzung der Politik mit anderen Mitteln ist eine Erfindung der Hochkulturen. Naturvölker kennen keine Kriege.

Ihre Kampfspiele sind etwas völlig anderes als unsere Völkerschlachten. Als die Engländer den Irokesen ein Waffenbündnis anboten, um einen feindlichen Stamm vernichtend zu schlagen, lehnten die Irokesen ab: »Wir lassen uns den Krieg nicht dadurch verderben, daß wir ihn gewinnen und damit beenden müssen.«

Das Ausradieren ganzer Städte, wie es von Ramses II. bis Eisenhower praktiziert worden ist, wäre in den Augen eines Primitiven die gleiche Barbarei wie die Ausrottung eines jagdbaren Wildes. »Die Jagd und der Kampf«, so sagten die Sioux, »sind der Lebensinhalt des Mannes.«

Der Rüstungswahn der Primitiven

Die Eingeborenen des Bismarck-Archipels verbrachten einen großen Teil ihres Lebens mit der überaus komplizierten Herstellung von geisterbeschwörenden Malanggan-Skulpturen. Man hat berechnet, daß die Primitiven der Osterinseln Hunderttausende von Arbeitsstunden aufgewandt haben, um die rätselhaften, riesigen Steinköpfe herzustellen, die man überall auf der Insel findet.

Abgesehen von der Fertigung der wenigen Gebrauchsgegenstände opfert der Primitive die meiste Zeit für die Herstellung seiner magischen Wunderwaffen. Er opfert seine Zeit und Kraft für etwas, das einem Außenstehenden sinnlos erscheinen muß, weil diese Dinge ihre Hersteller weder sättigen noch wärmen, nicht einmal erfreuen, denn sie verbreiten Grauen. Aber er vermag auf diese magische Verteidigung nicht zu verzichten. Es sind Waffen von unvorstellbarer Gewalt. Sie verleihen Sicherheit allein durch ihr Vorhandensein. Nicht anders verhält es sich mit unseren Atomraketen.

Kampf dem Ungeziefer!

Tiere, die sich unkontrolliert vermehren, dezimieren sich schließlich gegenseitig. Artgenossen werden zu Todfeinden. Eltern vernichten ihre eigene Brut.

Der französische Naturwissenschaftler Jean Dorst folgerte aus dieser Tatsache, daß bei weiterer Zunahme der Bevölkerung es nicht auszuschließen sei, daß unsere Enkel einmal Kriege führen würden, die einzig und allein dem Ziel dienen, konkurrierendes Leben zu vernichten.

Der Krieg wird zur Ungezieferbekämpfung.

Der Dschungel von New York hat den klassischen Krieg bereits überholt

In allen Kulturen, von der Antike bis zur Neuzeit, trugen die wehrfähigen Männer nur in Kriegszeiten Waffen, es sei denn, sie waren von Berufs wegen dazu verpflichtet, wie

Wachen, Polizisten und Leibgarden. Das galt selbst für so militärische Mächte wie Sparta und Preußen. Die Tatsache, daß sich bestimmte elitäre Gruppen wie Adel und Offizierskorps zu bestimmten Anlässen mit Degen zeigten, war – wie die Bezeichnung ›Paradesäbel‹ verdeutlicht – vor allem martialische Schau. In Friedenszeiten wurde immer alles Kriegsgerät in Arsenalen und Zeughäusern verschlossen. Das galt sowohl für die Hellebarden als auch für die Haubitzen oder das schwere Belagerungsgerät, das im alten Rom auf dem Marsfeld eingemottet wurde.

Primitive Stammeskrieger sind immer und ständig bewaffnet. Der Speer gehört zu ihnen wie der Stachel zur Wespe. Ein Höhlenbewohner hat seine Behausung ganz gewiß niemals ohne Speer verlassen, und das gilt auch für einen Massai oder einen Ureinwohner Australiens.

In den Vereinigten Staaten werden in jeder Stunde über 300 Feuerwaffen aller Kaliber verkauft. In dem Jahrzehnt des Vietnamkrieges (1963–1973) wurden zweimal so viele Amerikaner bei Schießereien in der Heimat umgebracht wie an der Front in Südostasien. Der Dschungel von New York und Chicago hat den offiziellen klassischen Krieg bereits überholt.

Diese Entwicklung hat erst begonnen. Wie bei allen Neuerungen liegen die Vereinigten Staaten auch hier an der Spitze. 1974 gab es in Detroit über 800 Morde. Im bevölkerungsmäßig gleich großen Irland forderte der Krieg der Befreiungsfront im selben Jahr 200 Tote. Das ist ein Verhältnis von 1 : 4 zugunsten der amerikanischen Kopfjäger.

Vorsicht, bissiger Mensch!

Wie die ›New York Times‹ berichtet, nimmt die Zahl der Menschen, die andere Menschen beißen, im New Yorker Dschungel regelmäßig zu. Wie das städtische Gesundheitsamt meldet, wurden 1593 Menschenbisse im Jahr 1984 polizeilich gemeldet. Die Zahl der Hundebisse betrug 875; die Ratten waren nur für 254 Bisse verantwortlich.

Die Waffen der Medizinmänner

Alle primitiven Stämme glauben an die vernichtende Macht des Fluches. Wie mir meine afrikanischen Freunde immer wieder versicherten, ist der Fluch eines Medizinmannes absolut tödlich. Auf meinen Einwand, daß nicht der Fluch, sondern der Glaube daran den Verfluchten töten würde, sagten alle übereinstimmend: *The Force* tötet ihn.

Genau das gleiche Wort benutzen die Experten im Pentagon. *The Force* gilt als Geheimwaffe in einem völlig neuen strategischen Konzept namens *mind wars,* was soviel wie ›Krieg des Geistes‹ (oder der Geister?) heißt. Hierbei geht es um den militärischen Einsatz von esoterischen Kräften wie Telepathie und Psychokinese, also um Gedankenübertragung und geistige Einflußnahme auf Objekte oder Ereignisse.

Ein Oberstleutnant, John B. Alexander, berichtete schon 1980 in der ›Military Review‹, einem Magazin der amerikanischen Streitkräfte: »Es gibt Waffensysteme, die auf Geisteskraft (the Force) beruhen und deren tödliche Wirkung bereits erfolgreich erprobt worden ist.«

Selbst die sonst so materialistisch eingestellten Sowjets befassen sich seit 1960 massiv mit parapsychologischer Forschung zum Zwecke militärischer Verwendung.

Gehört auch hier die Zukunft den Medizinmännern?

Der letzte Friedensvertrag

Mit den Hochkulturen stirbt das Zeitalter der Kriege. Deutlicher als am kriegerischen Geschehen zeichnet sich dieser Wandel an den Friedensverträgen ab. Der Vertrag von Versailles war der letzte große Friedensschluß. Dem Zweiten Weltkrieg ist schon kein Friedensvertrag mehr gefolgt. Seitdem leben wir in permanentem Frieden, oder richtiger, in permanentem kaltem Stammeskrieg.

Angst verbreiten und herrschen

Der Terrorismus ist eine neue Form der Gewalt und hat mit dem herkömmlichen Begriff des Krieges nichts gemein. Zwar hat es zu allen Zeiten Partisanen und Freiheitskämpfer gegeben, aber ihr Widerstand richtete sich gegen die bewaffnete Übermacht. Andreas Hofer terrorisierte die napoleonische Armee und Arminius der Cherusker die römische. Das heimtückische Zünden einer Zeitbombe in einem Warenhaus oder in der Wartehalle eines Flughafens und die damit verbundene Opferung von völlig unbeteiligten Passanten, von Frauen und Kindern, erinnert an

Wodu, Seretlo und andere primitive Menschenopferungen. Die Idee, die dahinter steckt, ist uralt. Schamanen und Medizinmänner bedienen sich ihrer von jeher mit Erfolg. Nicht überzeugen, Angst verbreiten und herrschen!

Neue Totems

Wenn man in der Prärie einen berittenen Siouxindianer traf, so erkannte man an seinen Totems, daß ihm der Adler heilig war und die Kröte tabu.

Ähnlich verhält es sich mit den seltsamen Bekenntnisaufklebern unserer Autofahrer. Der Anti-Atomenergie-Sticker demonstriert das Tabu, und die Schalke-04-Plakette verrät, was verehrt wird.

Unsere gefährlichste Waffe ist die Sprache

Die gefährlichste Waffe des Menschen ist die Sprache. Ohne sie gäbe es keinen Krieg. Denn der einzelne ist seiner Natur nach friedlich und ängstlich. Die Masse aber kann durch die hypnotisierende Macht des Wortes zum Killer werden. Die Geschichte ist voller Beispiele. Von Cato über Mohammed bis Hitler gab es keine mächtigere Triebkraft der Eroberung und Zerstörung als die Sprache.

Arthur Koestler übertreibt nicht, wenn er behauptet: »Der sicherste Weg, den Krieg abzuschaffen, wäre offensichtlich, die Sprache abzuschaffen.«

Auch Jesus wußte um diese Zusammenhänge, denn er

sagte: »Eure Rede sei: Ja ja – nein nein. Was darüber ist, ist von Übel.«

Ohne Sprache gäbe es keinen Krieg. Ohne Sprache gäbe es aber auch keine Kultur. Heißt das: Ohne Krieg gibt es eine Kultur? Oder stimmt der mathematische Lehrsatz nicht mehr: Sind zwei Größen einer dritten gleich, so sind sie auch untereinander gleich?

Kampf mit allen Mitteln

Das folgende Beispiel möge den Unterschied zwischen ›zivilisierter‹ und ›primitiver‹ Barbarei belegen.

Captain Ecuyer von den Royal Americans, der eine Schrift veröffentlichte, in der er die »viehische Grausamkeit« der Indianer anprangerte, schickte während der Indianerkriege mehreren Häuptlingen als Freundschaftsbeweis Wolldecken aus dem Pockenlazarett.

Elfenbeinschnitzerei
Südafrika

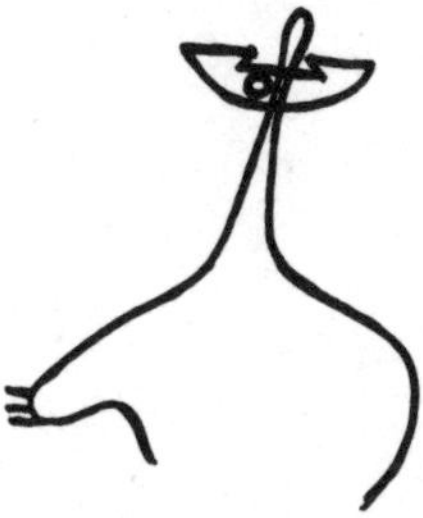

Zeichnung *Hera*
Goerges Braque

Die Freiheit der Krebszelle

Der Selbstmord der Xhosas.
Die jungfräuliche Königin.
Organzellen leben in Zellkulturen,
Einzeller sind sorglose Naturkinder.
Der Preis für alle höhere Ordnung
ist die Freiheit.
Lieber lebenslänglich eingesperrt als tot.
Nicht mein, sondern dein Wille geschehe.
Freiheit für alles und jeden.
Von der Sühne zur Wiedergutmachung.
Primitive kennen keine Kindheit.
Allein die Geschlechtsreife macht aus
Kälbern Kühe. Beim Stamm der
Stadtzeitmenschen ist es nicht anders.
Traue keinem unter 30.
Wer interessiert sich schon
für unreifes Obst?
Menschenrechte und Menschenpflichten.
Mutterliebe und Brutpflege.
Vom Spalierobst zum Wildwuchs.

Der Selbstmord der Xhosas

Zur Verteidigung unserer Freiheit produzieren wir die schrecklichsten Waffen in solchen Massen, daß man bereits von ›Overkill‹ spricht. Mit dem Waffenarsenal der Russen läßt sich die Erde 17mal vernichten, mit dem der Amerikaner 28mal. Wohin diese Verteidigung der Freiheit um jeden Preis führt, beweist die folgende Begebenheit[1]: Mitte des vorigen Jahrhunderts stieß der volkreiche Bantustamm der Xhosas auf seiner Nord-Süd-Wanderung mit den Kapburen zusammen, die gen Norden treckten. Nach mehreren Niederlagen wandten sich die Schwarzen an ihre Ahnengeister. Diese versprachen Beistand, forderten aber als Gegenleistung strenge Opfer. Sie sprachen zu ihrem Stamm durch den Mund einer jungen Seherin und verlangten die Abschlachtung aller Rinder und Ziegen und die völlige Vernichtung der Ernte. Erst dann würden die toten Helden auferstehen und die ›weißen Ratten‹ ins Meer treiben. Siegreich und glücklich würden die Xhosas einer besseren und freieren Zukunft entgegengehen.

Blut muß fließen für die Freiheit!

Felder müssen brennen für den Sieg!

Wir kennen die Parolen. Innerhalb von acht Tagen wurden 200 000 Stück Vieh abgestochen. Die gesamte Ernte wurde zerstört. Als die Prophezeiung nicht eintrat, wurden auch noch alle Zweifler und Warner erwürgt. Zwei Drittel der einst so stolzen Xhosanation verhungerten. Der überlebende Rest schleppte sich abgemagert bis aufs

[1] E. W. Heine: *Wie starb Wagner? Was geschah mit Glenn Miller?*

Skelett in die angrenzenden Reservate. Dort übernahmen sie bettelnd jede Dreckarbeit, um auch noch den letzten Rest ihrer Würde und Freiheit zu verlieren.

Der englische Gouverneur Sir George Grey schrieb damals in seinen Memoiren: »Nur ein primitiver Stamm vermag so hirnlos zu handeln.«

Im Hinblick auf den Stamm der Stadtzeitmenschen geben wir ihm recht.

Die jungfräuliche Königin

In Nord-Transvaal, im Urwald von Tsaneen, gibt es bis in die Gegenwart eine Regenkönigin. Sie heißt Modschadschi und wird mit Recht wie eine Gottheit verehrt, denn die jungfräuliche Königin beherrscht die seltene Kunst, Regen zu machen. Sie schöpft ihre Kraft aus ihrer ungebrochenen Vitalität.

Nach dem Glauben ihrer Anhänger darf sie niemals krank werden. Erkrankt sie auch nur für einen einzigen Tag, so muß sie ihr Priesteramt abgeben und rituellen Selbstmord begehen.

Solch eine Opferbereitschaft trifft man in Hochkulturen nur zu Kriegszeiten an. Der Heldentod der Selbstmordkommandos gilt der Zerstörung. Die Opferbereitschaft der Modschadschi dient dem genauen Gegenteil, nämlich der Erhaltung des Lebens.

Welch nachahmenswerte Tugend!

Organzellen leben in Zellkulturen, Einzeller sind sorglose Naturkinder

Amöben oder Einzeller sind so klein, daß man sie mit bloßem Auge nicht zu erkennen vermag. Und dennoch bergen diese Winzlinge in ihrem einzelligen Leib alles, was benötigt wird, um das Leben zu meistern: Hirn und Nerven, Magen und Niere, Fortbewegungsmechanismen und Geschlechtsorgane.

Bei aller biologischer Verwandtschaft sind die Einzeller etwas völlig anderes als unsere Körperzellen, die immer nur Teile von hochspezialisierten Zellkulturen sind, die nur im Gewebeverband funktionieren. Sie sind nur lebensfähig, wenn sie sich dem Gesamtorganismus unterordnen. Eine Epithelzelle der Haut hat ihre schützende Aufgabe zu erfüllen, und eine Ganglienzelle des Gehirns hat der Wahrnehmung zu dienen. Unsere Körperzellen sind hochspezialisierte Facharbeiter, Elitesoldaten. Von ihrem Teamwork hängt die Lebensfähigkeit des Ganzen ab.

Die einzellige Amöbe lebt in totaler Unabhängigkeit. Sie vermehrt sich schrankenlos durch Zellteilung. Und jeder Nachkomme ihres Stammes ist wiederum frei von jeder Bindung an höhere Ordnungen. Im Gegensatz zu den höher entwickelten Organkulturen sind die Einzeller sorglose Naturkinder, freie Primitive.

Der Preis für alle höhere Ordnung ist die Freiheit

Der Preis für alle höhere Ordnung ist die Freiheit. In jeder Körperzelle lebt latent die Sehnsucht nach der paradiesischen Freiheit der Einzeller. Siegt sie über die Pflicht, so wird der sinngebende, straff organisierte Verband gesprengt. Die primitive Urseele streift die Fesseln ab und ist frei.

Dieses Erfolgserlebnis der Aussteiger ereignet sich täglich in Tausenden von Organismen, denn der Krebs ist immer noch das verhängnisvollste aller tödlichen Leiden.

Lieber lebenslänglich eingesperrt als tot

Die Freiheit ist das einzige Ideal, für dessen Verteidigung die westliche Welt heute noch bereit wäre, Krieg und Weltuntergang zu riskieren, nach dem Motto: Lieber tot als unfrei!

Seltsamerweise endet dieser ungeheure Freiheitsdrang haarscharf vor unserem Strafvollzug. Hier gilt die Devise: Lieber lebenslänglich eingesperrt als tot!

Nicht mein, sondern dein Wille geschehe

Wir leben in einer Zeit und in einer Gesellschaft, die die Freiheit wie eine Gottheit verehrt. Sie ist das Allerhöchste. Das war weiß Gott nicht überall und immer so. Von der *Antigone* bis zum *Prinzen von Homburg* galt das Ideal der absoluten Unterwerfung unter einen höheren Willen. Für dieses Ideal haben die Völker von Cannae bis Verdun Freiheit und Leben geopfert. Und das war nicht nur in Kriegszeiten so. Für Christen, Moslems und Juden galt: Herr, nicht mein, sondern dein Wille geschehe!

Der mittelalterliche Mensch kannte weder Wahl- noch Pressefreiheit. Religionsfreiheit wäre ihm als Sünde erschienen. Nicht einmal die Freiheit der Berufswahl oder der Ortswahl war ihm bekannt. Bauern und Handwerker hatten die Berufe ihrer Väter zu ergreifen. Auch der Adel war nicht frei. Die Freiheit der Partnerwahl war ein seltener Luxus. Geheiratet wurde nach politischen und wirtschaftlichen Zwängen. Selbst der König war nicht frei. Ein absoluter Monarch wie der Sonnenkönig war in Wirklichkeit eine große Marionette, die nach strengem Zeremoniell angekleidet, gefüttert und versorgt wurde. Seine Tagesordnung war festgelegt wie eine mathematische Gleichung.

Höchstes Ideal im Stamm der Stadtzeitmenschen ist die Freiheit der Naturkinder. Oder ist es die Freiheit der Krebszelle?

Freiheit für alles und jeden

Unser Freiheitsdrang hat solchen Umfang angenommen, daß er beginnt, unsere freiheitlich-demokratische Ordnung zu gefährden. Wir fordern Freiheit für alles und jeden: Freiheit für Afghanistan! Freiheit für alle Zuchthäusler im eigenen Land, freier Sex und freie Abtreibung, freie Universitäten, Freikörperkultur, Freibier und noch mehr

Freizeit, offene Irrenanstalten, Freiheit für Legehennen und Haschraucher. Die Seiten dieses Buches würden nicht ausreichen, um unsere Freiheitswünsche zu dokumentieren. Wie bei allen kindlichen Wunschzetteln wird auch hier der Traum mit der Bescherung enden.

Von der Sühne zur Wiedergutmachung

Hochkulturen bestrafen ihre Verbrecher mit unnachgiebiger Härte. Die Römer kreuzigten ihre Gesetzesbrecher oder warfen sie den Löwen vor. Die Erbauer der gotischen Dome zerhackten, blendeten, pfählten oder verbrannten ihre Schuldigen. Das alles geschah, weil man davon überzeugt war, nur durch die hochnotpeinliche Strafe könne sich der Schuldige von der Last der Schuld befreien.

Wer länger in Afrika gelebt hat, weiß, daß den Bantustämmen das Gefühl für unverzeihliche Schuld oder Todsünde fehlt. Sowohl vor den Göttern als auch vor den Menschen läßt sich jedes Vergehen mit materiellen Opfern sühnen. Laurens van der Post, der viele Jahre seines Lebens damit verbracht hat, die Lebensweise der schwarzen Stämme südlich des Äquators zu studieren, berichtet, daß »sie sich auf ihren Gerichtspalavern tagelang darüber streiten, wieviel Ziegen oder Hirse als Sühne zu bezahlen seien«. Alles hat seinen Preis: der Diebstahl, die Vergewaltigung und der Totschlag.

Wiedergutmachung in harter Währung für Völkermord bei gleichzeitig guten politischen Beziehungen zwischen Opfer und Täter hätte ein Römer oder ein Inka nicht verstanden, wohl aber ein Buschmann oder ein Hottentotte.

Primitive kennen keine Kindheit

Die Kindheit ist genau wie der Krieg ein Produkt der Hochkulturen. Ein Kind ist ein Geschöpf, das noch nicht lesen und schreiben kann oder das noch zur Schule geht, um in den erweiterten Disziplinen des Lesens und Schreibens ausgebildet zu werden. Nichtschreibende Naturvölker kennen keine Kindheit in unserem Sinne. Das Kind ist ein kleiner Erwachsener, oder richtiger: der Erwachsene ist ein großes Kind. Da Zeugung und Geburt, wie beim neuen Stadtzeitmenschen, keine Tabus sind, die man den Kleinen verheimlicht, ist auch die Geschlechtsreife in Wahrheit keine einschneidende Barriere. Sexuelle Liberalität und erotische Stimulation gehören zum Alltag.

Allein die Geschlechtsreife macht aus Kälbern Kühe. Beim Stamm der Stadtzeitmenschen ist es nicht anders

Noch bis Mitte unseres Jahrhunderts wurde ein junger Mensch erst mit 21 Jahren volljährig. Erst dann durfte er zur Wahlurne gehen und den politischen Kurs seines Landes mitbestimmen.

Gegenwärtig liegt das Wahlalter bei 18 Jahren. In den Vereinigten Staaten soll noch innerhalb der nächsten Generation das Wahlalter auf 15 Jahre gesenkt werden. Das heißt, die juristische Volljährigkeit deckt sich mit der Pubertät.

Allein die Geschlechtsreife macht aus Kälbern Kühe und aus kleinen Affen große Affen.

Beim Stamm der Stadtzeitmenschen ist es nicht anders.

Traue keinem unter 30

Betrachtet man die alten Gemälde der Niederländer, so fällt auf, daß im Gegensatz zu unseren Parties jung und alt miteinander feiern, Kinder und Greise, Halbstarke und Erwachsene.

Wer die Stammesriten der schwarzen und roten Naturvölker kennt, weiß, daß es so etwas bei ihnen nicht gibt. Ein Jüngling, der die Mannbarkeitsprüfung noch nicht abgelegt hat, ist vom Tanz der Krieger ausgeschlossen. Ein Krieger wiederum hat im Rat der Alten nichts zu suchen.

Ähnliche Altersbarrieren kennt man auch bei den Tänzen der Stadtzeitmenschen. »Traue keinem über 30!« Dieser bekannte Spruch unserer Teenagerkaste hat auch bei den Ovambos und den Schwarzfußindianern seine Berechtigung.

Nur heißt er dort: »Traue keinem unter 30!«

Wer interessiert sich schon für unreifes Obst?

Barbara Tuchman wundert sich in ihrer hervorragenden Biographie über das 14. Jahrhundert: »Mittelalterliche Abbildungen zeigen uns Menschen, die lieben, sterben, schlafen, essen, baden, beten, jagen, tanzen, pflügen, spielen, kaufen, reisen, lesen, schreiben, aber nur so selten gemeinsam mit Kindern, daß sich die Frage aufdrängt: Wie ist das möglich? Man sollte doch meinen, daß die Mutterliebe wie der Geschlechtstrieb so tief in unserem Wesen verwurzelt sind, daß sie keinen geschichtlichen Schwankungen unterliegen.« Dieses Desinteresse an Kindern in künstlerischen, literarischen und dokumentarischen Überlieferungen finden wir überall in den Hochkulturen. Für sie waren Kinder unterentwickelte und damit untaugliche Erwachsene. Wer interessiert sich schon für unreifes Obst?

Das Mittelalter hätte unser enorm gesteigertes Verständnis, das wir unseren Kindern außerhalb der Familie auf kultureller Ebene entgegenbringen, nicht verstanden. Verstanden hätten uns aber alle primitiven Naturvölker.

Das gleiche gilt übrigens auch für unsere geistig Behinderten, die im Mittelalter der Volksbelustigung dienten und bei den primitiven Stämmen in hohem Ansehen stehen.

Menschenrechte und Menschenpflichten

Alle Hochkulturen waren auf Pflichten aufgebaut. Die Menschenrechte entstanden erst im Kontakt mit den neuentdeckten primitiven Stämmen.

»Wir binden uns an das Gesetz, um frei zu sein«, sagte Cicero. »Freiheit gibt es nur außerhalb der Gesetze«, behauptete Che Guevara.

In diesen beiden Sätzen offenbart sich der ganze Unterschied zwischen einer Hochkultur und einem Stadtzeitstamm.

Mutterliebe und Brutpflege

Wir wissen heute, daß Mutterliebe und Brutpflege weitgehend hormonal bedingt sind. Spritzt man einer Rhesusäffin Hormon in den Blutkreislauf, so wird bei dem Tier – auch wenn es nie zuvor Junge gehabt hat – der Mutterinstinkt ausgelöst. Es adoptiert ein zufällig in seiner Nähe umherlaufendes Meerschweinchen und trägt es voller mütterlicher Fürsorge mit sich herum.

Humanität beginnt nicht mit der Liebe zum Kind – die ist biologisch bedingt –, sondern mit der Achtung vor den Alten, mit der Fürsorge und Liebe zu den Eltern.

In dieser Hinsicht sind die Stämme humaner als die Hochkulturen. In allen Naturvölkern genießen die Alten eine fast überirdische Verehrung. Ein alter Zulu erzählte mir einmal, wie erstaunt er war, als er zum erstenmal das vierte Gebot hörte: Du sollst Vater und Mutter ehren! War das nicht so selbstverständlich wie essen und trinken?

Vom Spalierobst zum Wildwuchs

Kulturen erziehen ihre Kinder autoritär. Vom Rom der Gracchen bis zum viktorianischen England wurde die Jugend mit eiserner Disziplin erzogen. Die Römer glaubten: Niemand vermag zu herrschen, der nicht gelernt hat, sich selbst zu beherrschen. Und die Briten sagten: Wir schikken unsere Kinder zur Schule, damit sie lernen, den Mund zu halten, und auf die Universität, damit sie lernen, ihn aufzumachen.

Obwohl sowohl die Zeitgenossen der Gracchen als auch

die der Queen Victoria von unglaublich elitärem Stolz beseelt waren, scheuten sie sich nicht, den heranwachsenden Herren Selbstdisziplin mit dem Stock beizubringen. Von Epaminondas bis Winston Churchill sind alle Großen der Geschichte so erzogen worden.

In primitiven Stammesgesellschaften wachsen die Kinder so frei und zwanglos wie in Tierrudeln heran. Die bisweilen zu beobachtende Tatsache, daß auch ein kleiner Affe Prügel bezieht, hat nichts mit Erziehung zugunsten des Heranwachsenden zu tun, sondern lediglich mit der schlechten Laune eines überlegenen Leitaffen.

Kulturen unterscheiden sich von Naturvölkern durch ihre komplizierten, hierarchisch gestaffelten Ordnungen. Kulturträger müssen für ihre Aufgaben erzogen werden, so wie Kulturpflanzen veredelt werden müssen, damit sie Früchte tragen.

Antiautoritär erzogene Primitive aber sind wie Obstsamen, die ungebunden und unbeschnitten in paradiesischer Freiheit heranwuchern. Wie gekünstelt wirken Spalierobstbäume neben diesen unverbildeten Naturburschen! Der Unterschied aber liegt in ihren Früchten. Und jeder, der glaubt, daß sich mit Wildpflanzen brauchbare Ernten erzielen lassen, ist ein Narr.

Venus von Willendorf
Steinzeit

Zeichnung
Comic, 1985

Der fröhliche Nackttanz

Geschlecht geht vor Gesicht.
Primitive kennen keine Prostitution.
Kinderkriegen ist eine Sache
und Sex eine andere.
Die konsumierende Befriedigung.
Freie Sexualität als Indikator
für nachlassende Potenz.
Explosionen führen immer zu
chaotischen Ergebnissen.
Der Mensch erlebt die längste Kindheit.
Auch Hunger ist Sehnsucht.
Der sexuelle Schnellimbiß.
Der neue Phallusfetischismus.
Der Stamm der Stadtzeitmenschen
ist polygam.
Vielmännerei als Gebot der Vernunft.
Die spirituelle Gewalt liegt bei den Frauen.
Pan und die Wassernymphe Syrinx.
Kreativität durch zurückgestauten Sex.
Gott sei Dank haben wir das hinter uns.
Schamlose Primitive.

Geschlecht geht vor Gesicht

Bei den afrikanischen Skulpturen sind die primären und sekundären Geschlechtsmerkmale wichtiger als die Gesichter. Die steinzeitliche Venus von Willendorf hat nur einen winzigen gesichtslosen Kopf. Sie besteht nur aus Euter und Arsch. Es fallen einem keine anderen Wörter ein, um der ungeheuren anatomischen Übertreibung gerecht zu werden. Bei unseren derzeitigen weiblichen Idolen ist es nicht anders. Miss World wird man nicht mit einem ausdrucksstarken Gesicht, sondern mit einem außergewöhnlichen Busen.

Primitive kennen keine Prostitution

In allen Naturvölkern gab es vor der Landung der Europäer keine Prostitution. Im südlichen Afrika, wo die Apartheidsgesetze sexuelle Beziehungen zwischen Weißen und Schwarzen unter Strafe stellten, ist es noch heute so. Die sexuelle Moral unter den Bantus ist so zwanglos, daß ein Mann immer ein Mädchen für eine Nacht findet. Warum sollte er für etwas zahlen, das er auch so bekommt?

Die Prostitution ist ein Bestandteil aller Hochkulturen, selbst der sittenstrengsten. Im prüden vorigen Jahrhundert waren Könige, Großindustrielle, Akademiker und Literaten regelmäßige Gäste in Bordellen. Der illustre Bogen reicht von Edward VII. bis zu Balzac.

Unsere Eros-Centers werden heute nicht mehr für Gebildete und Besitzende errichtet, sondern für Gastarbeiter, orientalische Durchreisende und andere exotische sexuelle Hungerleider. Unsere zwischengeschlechtliche Moral ist so zwanglos wie die der Naturvölker. Jeder findet ein Mädchen für eine Nacht. Warum sollte er für etwas bezahlen, das er auch so bekommt?

Kinderkriegen ist eine Sache und Sex eine andere

Die primitiven Stämme Polynesiens und Mittelamerikas kennen nicht die Wechselwirkung von Sex und Zeugung. Man glaubt, daß das Kind unabhängig vom Mann in der Mutter heranreift. Kinderkriegen ist eine Sache und Sex eine andere, ein fröhliches Gesellschaftsspiel, eine Art Nackttanz.

Diese Einstellung findet man auch beim Stamm der Stadtzeitmenschen.

Die konsumierende Befriedigung

Für einen Primitiven sind Sex und Liebe zweierlei. Ein Stammeshäuptling der Bantus kann ein Dutzend Eheweiber haben, mit denen er regelmäßig sexuell verkehrt, obwohl er nur eine oder gar keine von ihnen liebt.

Unsere Einstellung zum Sex à la Erica Jong oder Norman Mailer entspricht der konsumierenden Befriedigung eines Papua-Jägers.

Freie Sexualität als Indikator für nachlassende Potenz

Es ist kein Zufall, daß *Lady Chatterley* und *Fanny Hill* in England geschrieben wurden und daß die Bewegung der ›sexuellen Befreiung‹ in Skandinavien ihren Ausgang nahm. Für einen Araber ist der glutvolle Blick aus den Augen eines sonst verschleierten Gesichts oder der Schwung einer verhüllten Hüfte so erotisierend, daß es stärkerer Anreize nicht bedarf. Das erotische Temperament eines Briten oder eines Dänen braucht stärkere Stimulation.

Freie Sexualität und Alltagspornographie für alle ist nicht, wie manche immer noch glauben, ein Zeichen kraftvoller Liberalität, sondern ein Indikator für nachlassende Potenz.

Das gilt auch und vor allem für alternde und frigide Kulturen.

Explosionen führen immer zu chaotischen Ergebnissen

Es ist fraglich, ob Freud die »explosive Kraft der Sexualität« am eigenen Leib erlebte, aber er war der erste, der sie so formulierte.

Explosionen führen immer zu chaotischen Ergebnissen. Wozu explosive Kräfte, kontrolliert und zurückgestaut, in der Lage sind, erkennt man am augenfälligsten am Verbrennungsmotor und am Kernreaktor.

Mit der Sexualität ist es nicht anders.

Der Mensch erlebt die längste Kindheit

Von allen Lebewesen besitzt der Mensch mit Abstand die längste Kindheit. Die Zeitspanne zwischen Geburt und Geschlechtsreife liegt bei der Mehrzahl aller höheren Säugetiere unter zwei Jahren. Beim Menschen dauert sie mindestens anderthalb Jahrzehnte.

Die Lernfähigkeit der vorpubertären Kindheitsphase ist bei allen Säugetieren um ein Vielfaches größer als bei den erwachsenen Spezies. Je weiter die Geschlechtsreife von der Natur hinausgeschoben wird, um so größer ist die geistige Entwicklungsmöglichkeit. Ohne Übertreibung kann man sagen: Die Sonderstellung des Menschen in der Schöpfung basiert nicht zuletzt auf extremer Verzögerung der Sexualität.

Auch Hunger ist Sehnsucht

Natürlich ist es ein schönes, erstrebenswertes Ziel, daß es allen Menschen paradiesisch gut ergehen möge. Aber das Paradies ist eine Utopie. Und niemand verwechselt ungestraft die Realität mit seinen Träumen. Dafür möge das folgende Experiment Zeugnis ablegen: Der Direktor der Vogelstation auf dem Wilhelminenberg in Wien sorgte dafür, daß eine 30köpfige Kolonie von Kuhreihern in paradiesischen Verhältnissen schwelgte. Die Reiher, die sonst in strenger Einehe leben, verwandelten sich in eine zügellose Sexualkommune, in der es jeder mit jedem trieb. Dieses liberalisierte Liebesleben erzeugte jedoch keine entspannte, gütige, heile Welt voller Nächstenliebe, sondern machte aus dem Paradies eine Hölle voller Angst, Gewalt und Mord an der eigenen Brut. Die Tiere waren am Ende so verkommen, daß der Versuch abgebrochen werden mußte. ›Wohlstandsverwahrlosung‹ nennen die Verhaltensforscher dieses beängstigende Phänomen. Unsere Großeltern haben es bereits gewußt: Die Sehnsucht ist für das Leben so wichtig wie Nahrung und Schlaf. Ohne Sehnsucht gibt es kein Glück. Auch Hunger ist Sehnsucht.

Der sexuelle Schnellimbiß

In Frankreich wurden in den letzten zehn Jahren über 30 000 Bistros geschlossen. Sie wurden von Schnellimbißstätten verdrängt, in denen industriell vorgefertigte Schnellgerichte aufgewärmt werden. Die Eßkultur fällt dem Zeitmangel zum Opfer.

Das gilt auch für den sexuellen Schnellimbiß des Stadtzeitprimitiven. Ein ›Quicky‹ während der Mittagspause erfreut sich laut Meinungsumfrage in den USA, in Japan und Europa steigender Beliebtheit. Die ›Daylight-Prostitution‹ ist in ihrer raschen, rein konsumierenden Befriedigung nicht einmal tierisch, denn die Balzzeit der Birkhähne beträgt mehrere Stunden und die Brunft der Hirsche gar mehrere Tage.

Zweifellos waren die Liebenden zu allen Zeiten letztlich nur an dem einen interessiert. Aber es ist schon ein Unterschied, ob man sich zur richtigen Zeit an einen gedeckten Tisch setzt oder am Küchenherd aus dem Kochtopf löffelt!

Der neue Phallusfetischismus

Für die Naturvölker Afrikas und Polynesiens ist Sex kein Tabu, sondern Bestandteil der Religion, denn nur er garantiert den Weiterbestand der Ahnenreihe.

Wer sich den Sexkult der Vereinigten Staaten ansieht, kann sich des Eindrucks nicht erwehren, daß es sich auch hier um eine Art primitive Religion handelt. Laut Meinungsumfrage halten 87 Prozent aller amerikanischen Männer Impotenz für beschämender als eine Vorstrafe wegen Beteiligung an einem kriminellen Delikt.

Diese Einstellung hätte ein Punier oder Preuße nicht verstanden, wohl aber ein Phallusfetischist von den Bora-Bora-Inseln.

Der Stamm der Stadtzeitmenschen ist polygam

Die Mehrzahl aller primitiven Stämme ist wie die Mehrzahl aller Säugetiere polygam. Das gilt auch für den neuen Stamm der Stadtzeitmenschen, und zwar sowohl für den Single als auch für den Verheirateten. Da die meisten von uns mehrmals in ihrem Leben heiraten, verhalten sie sich nicht anders als ein Bawenda oder ein libyscher Zeltnomade. Auch sie freien ihre Frauen nicht alle auf einmal, sondern nacheinander im Abstand von mehreren Jahren, wobei, wie bei uns, der Altersabstand zu den Bettgefährtinnen immer größer wird. Mit den ausgedienten Ehefrauen schläft man nicht mehr. Sie werden mitversorgt, wie das Stammesgesetz es befiehlt.

Vielmännerei als Gebot der Vernunft

Daß die Polygamie in unserer Gesellschaft offiziell noch keinen Eingang gefunden hat, liegt nicht an der Bibel – auch Abraham und Salomo hatten mehrere Frauen –, sondern vor allem daran, daß sie in ihrer klassischen Form den Forderungen der Gegenwart entgegenläuft.

Nehmen wir einmal an, Sie hätten einen leeren Hühnerstall geerbt, in dem drei Dutzend Hennen bequem Platz hätten. Um ihn zu füllen, kaufen Sie sich nicht fünf Hähne und eine Henne, denn dann dauert es mehrere Jahre, bis Sie Ihren Stall gefüllt haben. Nein, Sie kaufen sich einen Hahn und fünf Hennen.

Nehmen wir jedoch einmal an, eines Tages würde im Stall Überbevölkerung herrschen. Sie wollen die bestehende Population möglichst erhalten, denn Schlachten gehört nicht zu Ihren Hobbies. Wie bremsen Sie die gakkernde Lawine auf möglichst humane Art? Nun, Sie müssen das Verhältnis der Geschlechter so verändern, daß auf eine Henne mehrere Hähne kommen.

Diese Lösung ist, übertragen auf den Menschen und seine Bevölkerungsexplosion, so einleuchtend, daß die nach uns kommenden Generationen sie so sicher aufgreifen werden wie die Nutzung des Rades.

Theoretisch kann ein Mann mit 100 Frauen jährlich 100 Kinder zeugen. Eine Frau mit hundert Männern – und mögen sie noch so fleißig sein – kann aber immer nur ein Kind pro Jahr zur Welt bringen.

In den steinzeitlichen Stämmen war die Vielweiberei ein Gebot der Vernunft, denn die Sterberate lag extrem hoch. Nachwuchs war wichtig, um als Stamm zu überleben.

In den stadtzeitlichen Stämmen ist die Vielmännerei ein Gebot der Vernunft, denn die Sterberate ist so niedrig, daß weltweit eine Bevölkerungsexplosion droht. Geburtenrückgang ist wichtig, damit die Stämme überleben.

Das Rudel aus einem männlichen Leittier und mehreren Muttertieren ist uralt, so alt wie die Großfamilie aus einem Mann und mehreren Frauen. Der Zweck heiligt die Mittel.

Es ist nicht einzusehen, warum das umgekehrte Prinzip weniger moralisch sein sollte. Natürlicher ist es auf jeden Fall. Nur wenige sehr junge Männer sind biologisch befähigt, regelmäßig mehrere Frauen zu befriedigen.

Auch wirtschaftlich wäre ein Kind mit mehreren Vätern besser versorgt und abgesichert als ein heutiges mit nur einem Ernährer.

Sagen Sie nicht: Unmöglich. Als man Walter Gropius bei der Planung eines Büroturmes vorhielt, die enorme Größe sei allein schon deshalb undurchführbar, weil die Fahrstühle die Flut der Angestellten bei Bürobeginn und zum Feierabend nicht zu bewältigen vermöchten, da antwortete er: »Dann werden sie eben nicht alle zur gleichen Zeit ihre Arbeit aufnehmen.« Unmöglich, hieß es.

Trotzdem war die Gleitzeit nicht mehr aufzuhalten, weil sie sinnvoll war.

Die spirituelle Gewalt liegt bei den Frauen

In allen Stammestraditionen spielt die Frau eine dominierende Rolle. Bei den Indianern an der Ostküste Amerikas lag die Entscheidung, ob ein Gefangener getötet oder in den Stamm aufgenommen wurde, immer bei den Frauen.

Der Mann heiratete grundsätzlich in die Familie der Frau ein. Es ist zwar richtig, daß das Amt des Häuptlings einem Mann vorbehalten war, aber im Gegensatz zur allgemeinen Vorstellung ist der ›Medizinmann‹ in Afrika meistens eine Frau, eine Inyanga. Die weltliche Macht liegt in den Händen der Männer, die spirituelle aber liegt bei den Frauen.

Wenn Moral eine spirituelle Größe ist, so liegen die Dinge im heutigen Amerika nicht anders.

Pan und die Wassernymphe Syrinx

So sexuell ungehemmt uns die Antike in manchen Exzessen erscheinen will, so kann doch kein Zweifel darüber bestehen, daß alle künstlerischen Kräfte aufgeboten wurden, um ungezügelte tierische Sexualität zu höchster Erotik zu sublimieren. Typisch hierfür ist die folgende Sage:

Als der ewig geile bocksfüßige Pan sich in die Wassernymphe Syrinx verliebt und sie vergewaltigen will, ruft sie die Götter um Beistand an. Sie wird erhört und in ein Schilfrohr verwandelt. Der arme unbefriedigte Lüstling schneidet sich eine Flöte aus dem Rohr. Er bläst sie.

Die ungezügelte Begierde wird zur sehnsüchtigen Liebesklage.

Heute würde die Geschichte so aussehen: Die Nymphomanin Syrinx ruft in ihrer sexuellen Not die Götter um Beistand an. Sie wird erhört. Die Götter verwandeln ein Schilfrohr in einen geilen bocksfüßigen Pan. Sie bläst ihn.

Die sehnsüchtige Klage wird zur ungezügelten Begierde.

Kreativität durch zurückgestauten Sex

Es ist eine allgemein bekannte Tatsache, daß die Menschen unter äußerem Druck gesteigerte schöpferische Aktivität entwickeln. Nie ist die technische Kreativität so offenkundig wie in Kriegszeiten.

Vermag nicht selbst der weiche, flüchtige Wasserdampf unter Druck eiserne Lokomotiven zu bewegen? Die Kraft aller schöpferischen Kulturen beruht auf zurückgestautem Sex.

Wen wundert es, daß unsere Zeit künstlerisch so indifferent ist wie ein Negerkral?

Gott sei Dank haben wir das hinter uns

In einer ganzen Reihe von Bantusprachen gibt es nur ein Verb für zeugen und leben. Alles, was lebt, ist von Sexualität erfüllt, selbst die Bäume und die Blumen.

Im Gegensatz dazu entwickelte die europäische Hochkultur die Vorstellung, daß es in der pflanzlichen Natur keine Sexualität gäbe. Wie sehr man von der Keuschheit der Pflanzen überzeugt war, erkennt man noch immer an unserer Sprache. ›Defloriert werden‹ heißt wörtlich übersetzt ›entpflanzlicht werden‹. In diesem Wort lebt die alte Vorstellung, die Jungfrau habe die geschlechtslose Reinheit der Pflanzen verloren.

Es steht uns nicht an, über Begriffe wie ›geschlechtslose Reinheit‹ und ›unbefleckte Empfängnis‹ überheblich zu grinsen, nach dem Motto: »Na, Gott sei Dank haben wir das hinter uns.«

Es ist mehr als wahrscheinlich, daß ein mittelalterlicher Minnesänger beim Anblick unserer sexuellen Schnellimbiß-Gesellschaft das gleiche denken würde: »Na, Gott sei Dank haben wir das hinter uns.«

Schamlose Primitive

»Die Naturkinder kennen keine Scham«, so berichteten die Entdecker der neuen Welt.

»Welch nachahmenswertes Ziel«, so schwärmte Rousseau. Der Stamm der Stadtzeitmenschen hat dieses paradiesische Ziel fast verwirklicht. Ein Kind, das sich schämt, gilt als pädagogische Panne, und ein Mädchen, das rot wird, fällt der Lächerlichkeit zum Opfer. War nicht selbst der Spötter G. B. Shaw noch der Meinung: »Die Kultur eines Menschen hängt von der Zahl der Dinge ab, für die er sich schämt.«

Grundriß
Lehmgehöft
Ghana

Grundriß
Wallfahrtskirche Ronchamp
Le Corbusier

Von den Bauhütten zum Hüttenbau

Unsere Bauten sind nicht mehr Ausdruck einer Idee, sondern Gebrauchsgegenstände.

Die freie Form der Quallen.

Form follows function.

Der Termitenbau.

Die Hütten der Hottentotten.

Der Stadtzeitdschungel verschlingt die alten Architekturen.

Die Höhlenzeit hat längst begonnen.

Die Rationalität der Iglus und Grashütten.

Die neuen Baustrukturen haben mit den klassischen Bauten nichts mehr gemeinsam.

Überleben wir in grünen Archen?

Nicht das Baumaterial, sondern die geistigen Inhalte machen eine Baukonstruktion zur Architektur.

Von den Primitiven lernen.

Ab in die Steinzeit!

Die sterbenden Monarchien errichten sich die prächtigsten Schlösser.

Unsere Bauten sind nicht mehr Ausdruck einer Idee, sondern Gebrauchsgegenstände

Vasari nannte die Architektur »gefrorene Musik«. Musik aber ist klingende Harmonie, basierend auf einfachen mathematischen Ordnungen. Quart, Quint und Oktave lassen sich durch Zahlenverhältnisse darstellen. Die Formensprache aller alten Architekturen basiert auf einfachen geometrischen Ordnungen, auf dem rechten Winkel und dem Goldenen Schnitt, oder dort, wo Abweichungen von der Geraden angebracht erscheinen, auf dem Kreisbogen und der Ellipse. Die Behausungen der Primitiven unterliegen nicht diesen architektonischen Ordnungen. Sie sind reine Gebrauchsgegenstände. Zwar können auch Reißverschlüsse, Elektromotoren und Toilettenpapier praktisch oder unpraktisch sein, sogar wohlgestaltet oder häßlich, aber sie sind niemals Ausdruck von irgend etwas, sondern immer nur Mittel zum Zweck. Mit akustischen Maßstäben gemessen verhalten sich Grashütte, Lederzelt und Iglu zur Architektur wie das Rauschen der Wälder und das Rollen der Brandung zur Musik.

Die amöbenhaft ungebunden dahinfließenden Grundrißformen unserer Betonbauten sind nichts weiter als gefrorener Lärm.

Die freie Form der Quallen

Primitive errichten ihre Unterkünfte wie Vogelnester und Biberbauten in natürlichen, praktischen, organischen Formen. Wenn sie ihre Behausungen nicht nach den mathematischen Gesetzen der gefrorenen Musik errichten, so liegt das nicht daran, daß ihnen das handwerkliche Rüstzeug fehlt, sondern weil ihnen das Gefühl für diese Art von höherer abstrahierender Ordnung fehlt. Am Nil und in Mesopotamien wurden schon Jahrtausende vor unserer Zeitrechnung mit den primitivsten Mitteln rechte Winkel konstruiert. Eine einfache Knotenschnur, wie sie sich von jedem Naturkind herstellen läßt, reicht hierfür aus.

Für die Tatsache, daß wir heute immer häufiger bei unseren repräsentativen Bauten zu freien Formen zurückkehren, gibt es keine logischen Gründe, so sehr die Architekten sich auch bemühen, für ihre amöbenhaft dahinfließenden Gebilde welche zu finden. Wie falsch das Konzept ist, erkennt jeder, der sich die Mühe macht, solch ein Gebäude einzurichten. Schreibtische, Betten, Schränke, Herde, Maschinen und Autos, alle sind rechteckig. Wenn sie es nicht wären, ließen sie sich nicht wirtschaftlich einander zuordnen.

Noch schwieriger wird es, wenn die Bauarbeiter diese freischwingenden räumlichen Kurven vom gezeichneten Plan in die Realität der Baustelle umsetzen müssen. Bei Rechtecken, Kreisen und Ellipsen ist das einfach. Ein kleiner Würfel läßt sich maßstabsgerecht vergrößern, aber versuchen Sie das mal mit einer Qualle.

Form follows function

Architekturen sind steingewordene Ideen. Sie müssen sich ändern, wenn die formgebenden Kräfte, die tragenden Ideen sich verändern. Diese Kräfte dominieren über alle Funktionen. Eine gotische Taufkapelle hat die gleichen Aufgaben zu erfüllen wie eine barocke. In beiden werden Kinder im gleichen Glauben getauft. Aber welch ein Wandel in der räumlichen Gestaltung!

Bauten, die ihre Form ausschließlich der Funktion verdanken, können sich nur verändern, wenn sich die Funktionen verändern. Abgesehen von Industrieanlagen mit veränderlichen Produktionssystemen ist das aber auf keinem anderen Gebiet zu erwarten. Die Funktionen einer Wohnung, eines Büros, eines Kinos, einer Kirche, eines Warenhauses und einer Garage bleiben im wesentlichen immer dieselben. Folglich bleiben auch die Bauformen als unmittelbare Folge dieser Funktionen die gleichen.

Mit den Hochkulturen enden nicht nur die Architekturen, sondern auch die Baustile als Träger von Ideen ihrer Zeit. Was übrigbleibt ist Mode. Man trägt nicht mehr Bungalow!

Der Termitenbau

Die Mehrzahl aller Menschen in unseren Großstädten lebt in Mietskasernen. Innerhalb solch einer Wohnmaschine sind die Mieteinheiten aus wirtschaftlichen Gründen alle gleichartig konstruiert. Da die Arbeit der Bewohner ziemlich genau zur gleichen Tageszeit beginnt und endet, greifen alle zur gleichen Stunde an die gleiche Stelle, wo sich die Lichtschalter befinden. Öffnen gleichzeitig ihre völlig gleich aussehenden Einbauschränke. Waschen sich in Badezimmern, die nicht nur in Größe und Einrichtung die gleichen sind, sondern wegen der Fallrohre auch grundrißlich alle an der gleichen Stelle der Wohnung liegen. Sie schauen durch die gleichen Normfenster, schließen und öffnen die gleichen Normtüren und verrichten ihre Notdurft auf den gleichen Normklosetts. Abends sitzen Millionen Menschen vor den Fernsehgeräten und lachen gleichzeitig über denselben Witz und weinen über die gleiche tragische Begebenheit.

Dieses gleichzeitige, gleichgeschaltete Handeln von Lebewesen in solchen Massen trifft man außer beim Stadtzeitmenschen nur noch bei manchen Insektenvölkern an.

Die Hütten der Hottentotten

Ein Hottentotte findet es in Ordnung, wenn die Rundhütten seines Krals innen und außen alle gleich aussehen. Wir müssen uns an diese triste Tatsache in unseren stadtzeitlichen Stammesterritorien erst gewöhnen.

Der Stadtzeitdschungel verschlingt die alten Architekturen

Nicht nur, daß wir keine Architekturen mehr errichten, zu keiner Zeit wurden die bestehenden alten Architekturen so rapide und rücksichtslos vernichtet. Unsere Dome, soweit sie den letzten Krieg überlebt haben, fallen der Luftverschmutzung zum Opfer.

Der Lehrstuhl für Denkmalschutz an der Universität Thorn hat in einer Untersuchung 1984 festgestellt, daß unsere Bauten durch zunehmende Luftverschmutzung 50mal schneller verfallen als noch vor einem Jahrzehnt.

Der stadtzeitliche Dschungel verschlingt die Architekturen.

Die Höhlenzeit hat längst begonnen

Der zeitgenössische Wohnungsbau ignoriert alle individuellen Ansprüche, sowohl innerhalb als auch außerhalb der Neubauten. Die Aufgabe des Architekten beschränkt sich darin, Einheitsgrundrisse für gängige Zwei-, Drei- und Vierzimmerwohnungen möglichst profitabel übereinander zu stapeln, ohne Rücksicht auf Sterilität und unmenschliche Einöde.

Unsere neuen Siedlungen sind Höhlen in einer lebensfeindlichen Gletscherlandschaft.

Ohne Übertreibung kann man sagen: Deutschlands Städte sind zweimal zerstört worden, erst von den alliierten Bombern und dann von den Architekten. Hier hat die Höhlenzeit bereits leibhaftig begonnen.

Die Rationalität der Iglus und Grashütten

»Stillstand ist Rückgang«, sagten die Römer. Und die Griechen lehrten: »Niemand steigt zweimal in den gleichen Fluß.« Alle Kulturen befanden sich wie wachsende

Bäume in stetem schöpferischem Wandel. Aus der Romanik entwickelte sich die Gotik, aus der Gotik die Renaissance. Welch ein Reichtum an ausdrucksstarken neuen Formen!

Seit ewigen Zeiten errichten Bantus und Eskimos ihre Grashütten und Iglus immer in der gleichen Gestalt. Würde man sie fragen, warum sie das tun, so erhielte man vermutlich zur Antwort, daß es kein besseres Material als Gras oder Eis gibt und daß die Form die logische Folge der Funktion sei. Es wäre verlogen, auf die Fassaden ein paar barocke Schnörkel oder anderen überflüssigen Dekor daraufzukleben. Wozu unnötige Arbeit und unnötige Kosten verursachen?

Mit den gleichen Argumenten verteidigen die modernen Architekten ihre rein nach funktionellen Gesichtspunkten erbauten Gehäuse.

Die neuen Baustrukturen haben mit den klassischen Bauten nichts mehr gemeinsam

Natürlich werden wir nicht in eiszeitlichen Höhlen oder in Rundhütten aus Schilf wohnen, aber unsere neuen Gehäuse werden nichts mehr mit den klassischen Bauten gemeinsam haben. Vieles spricht dafür, daß die Zukunft den aufblasbaren Räumen gehört.

Der Amerikaner Victor Lundi hat bereits 1960 pneumatische Kuppelbauten aus PVC-beschichtetem Nylongewebe konstruiert, die ohne eine einzige Stütze Grundflächen von 4000 Quadratmetern überspannten, 28 Tonnen wogen und sich an einem Tag errichten ließen.

»Die pneumatischen Konstruktionen«, so verkündete der deutsche Architekt Frei Otto, »sind das am weitesten verbreitete Konstruktionsprinzip der Natur. Wir begegnen ihnen in der Luftblase, im Zellplasma und in allen durch Wasser- und Blutdruck gespannten Häuten bei allen Lebewesen.«

Diese Seifenblasen sind das genaue Gegenteil zum klassischen Architekturwürfel. Die Gerade und der rechte Winkel sind Idealformen einer intellektuellen Ordnung, die es in der Natur nicht gibt.

Die Formensprache unserer Bauten wird immer organischer, biologischer. Die geometrischen, rechtwinkligen Stilarchitekturen haben ausgespielt, so wie die Physik auf dem Gebiet der Naturwissenschaften.

Die Führung gehört der Biologie und ihren Gesetzen.

Überleben wir in grünen Archen?

»Architekturen nicht mehr bauen, sondern anpflanzen.« So schwärmen die Avantgardisten des neuen ökologischen Bauens. Ihre Manifeste lesen sich wie die Beschreibung eines Negerkrals: Lehmhütten und Grasdächer, Humustoiletten und Sonnenschein zum Aufwärmen. Da ist von Wurmkompost die Rede, von Biogas aus dem Dung von Großvieh, das mit den Menschen unter einem Dach lebt, von Ententeichen als biologische Kläranlagen.

Man fragt sich kopfschüttelnd: Sind das wirklich Wohnungen für Menschen, die schon heute zum größten Teil in Multimillionen-Städten leben?

Wenn man liest, daß junge Menschen in einer ›Bioversität‹ lernen, wie man aus Abfallholz Möbel bastelt, so denkt man an Slums aus der dritten Welt, wo leere Ölfässer und Apfelsinenkisten zum Mobiliar gehören. Das Ganze liest sich wie eine Überlebensanleitung nach dem letzten aller Weltkriege.

Es ist kein Zufall, daß eine der bekanntesten grünen Öko-Behausungen den Namen ›Arche Nova‹ trägt. Diese bewohnbaren (?) Gewächshäuser sind autarke Rettungsinseln. Wie in *space ships* werden hier in geschlossenem Kreislauf Fäkalien in Humus verwandelt, Humus in Nahrung und Nahrung in Fäkalien. Frischfleisch liefern Kaninchen, die sich auf überdachten Wiesen tummeln. In Maulbeerhecken weben fleißige Seidenraupen an der biologischen Wäsche der Terrarienbewohner.

Hatte Spengler unrecht? Geht das Abendland nicht unter? Überleben wir in grünen Archen?

Nicht das Baumaterial, sondern die geistigen Inhalte machen eine Baukonstruktion zur Architektur

Betrachtet man die Gemälde der nationalsozialistischen Ära, so stellt man mit Erstaunen fest, daß aus Deutschland ein reines Bauernvolk geworden ist: Pflüger, Holzfäller, Hütebuben, Bauernfrauen und Knechte vor neu erbauten Fachwerkhöfen. Trachten überall, Volkstänze, ländliche Idylle, Blut und Boden. Und das alles in dem industrialisiertesten Land Europas.

Ähnlich verhält es sich mit den ›Biotekturen‹. Diese übereinandergestapelten Bilderbuch-Bauernhöfe in der größten Stadtlandschaft aller Zeiten gehören trotz aller natürlichen Baustoffe zu dem künstlichsten Kitsch, der je in unseren Breitengraden erdacht worden ist.

Denn nicht das Baumaterial, sondern die geistigen Inhalte machen eine Baukonstruktion zur Architektur. Eine Architektur aber mit biologischen Reformhaus-Schwerpunkten ist wie eine Religion, deren Dogma auf einer menschenfreundlichen Klimatechnik fußt, weil es doch nicht angeht, daß sich die Kirchgänger in kühlen Kathedralen erkälten.

Von den Primitiven lernen

Die Lehmhütten der Basutos in der Transkei werden nach folgendem alten Rezept geweißt:

> Nimm gebrannten Kalk vom Gewicht eines erwachsenen Mannes,
> dazu 4 mittelgroße Kalebassen Steinsalz,
> 4 Hände voll Alaun,
> und vermische das Ganze zu einem dicken Brei.

Dieses Rezept deckt sich mit dem, was Professor Gernot Minke, ein Mitarbeiter von Professor Frei Otto, in seinen stets ausgebuchten Lehmbaukursen lehrt:

> 1 Sack gebrannter Kalk
> 2 kg Kochsalz
> 1 Pfund Alaun
> 50 Liter Wasser

Zum Voranstrich nehmen die Basutos Stutenmilch. Minke empfiehlt verdünnten Quark von Aldi.

Lloyd Kahn hat den neuen Kurs festgelegt, als er verkündete: »Wer bauen will, kann nur von den primitiven Behausungen lernen, die ohne Architekten entstanden sind.«

Von den Bauhütten zum Hüttenbau!

Vom Marmor aus Carrara zum Quark von Aldi!

Ab in die Steinzeit!

»Man kann nicht einfach ökologisch bauen, auch das Bewußtsein der Bewohner muß sich ändern«, so verkündet der ›Biotekt‹ Rüdiger Lutz.

Er braucht sich nicht zu sorgen. Unser Bewußtsein ändert sich. Als in Herford drei Architekten ihre alternativen Träume aus Lehm und Grasboden der Öffentlichkeit vorstellten, schrieb der Herforder Wochenanzeiger: »Jetzt fehlen uns nur noch die Urmenschen, und dann geht es ab in die Steinzeit.«

Die sterbenden Monarchien errichten sich die prächtigsten Schlösser

Steht es wirklich so schlecht mit unserer Kultur? Zu keiner Zeit wurden so viele Kulturzentren gebaut wie in der Gegenwart. Keine noch so kleine Stadt, die nicht ein neues Beton-Kulturzentrum ihr eigen nennt.

Die prächtigsten Schlösser errichten sich die sterbenden Monarchien, wie jedermann weiß, der die Schlösser des bayrischen Königs Ludwig kennt. Man vermag es nicht zu fassen, daß all diese königliche Pracht von einem Möchtegerngroßen errichtet worden ist, dessen Regierungsgewalt so unbedeutend war, daß es keiner Revolution und keines einzigen Schusses bedurfte. Man schickte zwei Irrenärzte, um den König einzufangen. Seine grandiosen Bauten waren nichts weiter als Denkmäler für eine längst vergangene Zeit.

Mit unseren Kulturzentren verhält es sich nicht anders.

Skulptur
Botswana

Metapher
Paul Klee

Der Abstieg ins Neandertal

Unsere abstrakte Kunst verkündet nicht
das Ende, sondern den Anfang
einer neuen Epoche.

Von Rodin zur Negerskulptur.

Zurück zu den Primitiven!

Entartet oder unartig?

Verleihung von Kunst-
und Literaturpreisen erfolgt nach
›politischen Entscheidungen‹.

Kunst als Spielzeug für intellektuelle Snobs.

Ist nicht auch Krebs eine Neuschöpfung?

Haben wir die Primitiven verändert
oder sie uns?

Europa, was ist das?

Die meisten Antworten sind nur neue Fragen.

Eingliederung in die Totschlägerreihe.

Wir brauchen Verrückte.

Der edle Wilde.

Stammesprimitive verehren
Gespenster.

Unsere abstrakte Kunst verkündet nicht das Ende, sondern den Anfang einer neuen Epoche

Betrachten wir die Geschichte der darstellenden Kunst anderer Epochen, so erkennen wir, daß die naturalistische Abbildung nie am Beginn einer neuen Stilentwicklung steht, sondern sich immer erst allmählich aus abstrakten Formen entwickelt. Das heißt: Unsere primitive abstrakte Kunst der Gegenwart ist nicht, wie viele glauben, das dekadente Ende einer Epoche, sondern der Anfang einer neuen Entwicklung.

In der Vergangenheit war es immer so, daß in Zeiten kulturellen Aufbruchs Kunst und Religion ein untrennbares Bündnis miteinander eingingen, denn nur die Kunst eignet sich zur Offenbarung der letzten unaussprechlichen Wahrheiten.

Von Rodin zur Negerskulptur

Zum erstenmal in der Geschichte der Menschheit erleben wir den archaischen Anfang einer neuen Epoche ohne religiösen Impuls. Es ist wie bei einer Totgeburt. Unsere abstrakten Kunstmetaphern sind Gefäße ohne Inhalt.

Mit der Kunst verliert der Mensch sein elementarstes Ausdrucksmittel. Aller Intellekt vermag diesen Verlust nicht zu ersetzen. Wir haben die klassische Kulturgeschichte verlassen.

Die Geschichte lehrt uns, daß sich alle Entwicklung vom Einfachen zum Komplizierten hin entwickelt, von der Blockhütte zum Wolkenkratzer, von der Steinaxt zur Atombombe, von den Höhlenbildern zur Sixtinischen Kapelle. Niemals in der menschlichen Geschichte aber hat es solch eine Rückentwicklung vom Hochkultivierten zum Primitiven gegeben wie im Kulturschaffen unseres Jahrhunderts. Wenn man in einigen tausend Jahren unsere Kultur wieder ausgraben sollte, so werden sich die Archäologen – wenn es so etwas noch gibt – den Kopf darüber zerbrechen, welche Katastrophe über uns hereingebrochen sein mag. Wie ist es möglich, innerhalb weniger Jahre von Rodin zur Negerskulptur zurückzufallen?

Sie werden in dem katastrophalen Schrumpfungsprozeß – von Rubens und Rembrandt zu den Naiven und Sonntagsmalern – das sehen, was er in Wirklichkeit auch ist: Ein Abstieg vom Gipfel hinab in die Niederungen des Neandertals.

Zurück zu den Primitiven!

Das ist nicht etwa eine provokative Übertreibung. Dieser Abstieg wurde von den Kunstschaffenden bewußt und gewollt eingeleitet. Ihr Postulat lautete: Zurück zu den Primitiven, den Naiven, den Wilden! Sie orientierten sich nicht mehr an Griechenland, sondern reisten in den Urwald, um von Kannibalen und Analphabeten zu lernen. Picasso studierte primitive präkolumbianische Skulpturen. Gauguin lebte unter Eingeborenen in der Südsee.

In der Musik ist es nicht anders. Negermusik, Trommelrhythmen und ekstatische Stammestänze beherrschen die Szene.

Wenn es noch stimmt, daß die Kunst ein Spiegelbild ihrer Zeit ist, so muß man beim Betrachten und beim Anhören unserer Kunstwerke bekennen, daß wir auf einigen Gebieten bereits primitiver als die Primitiven sind.

Entartet oder unartig?

Nichts ist so destruktiv wie unsere Kunst. Die Künstler unseres Jahrhunderts betrachten es als ihre vornehmste Aufgabe, alle bestehenden Traditionen zu zerschlagen. So wie die Unterwelt zur bürgerlichen Ordnung, so etablierte sich die Subkultur als Gegenpol zur Kultur.

Machen wir uns nichts vor, nicht nur die Nationalsozialisten hielten unseren Kunstbetrieb für entartet; die meisten Menschen tun das heute noch. Dabei unterliegen sie jedoch einem Denkfehler. So wie etwas nur entgleisen kann, wenn es vorher im Gleis gelaufen ist, so kann auch eine Sache nur entarten, wenn sie vorher Art hatte. Mit anderen Worten, die Entartung ist ein Endzustand. Das trifft jedoch nicht für unsere Kunst zu. Sie ist nicht ent-artet, sondern noch un-artig, im Sinne von unreif. Die Jugend weiß sehr genau, was sie nicht will, bevor sie sich darüber im klaren ist, was sie eigentlich will.

Mit unserer Kunst verhält es sich nicht anders.

Die Verleihung von Kunst- und Literaturpreisen erfolgt nach ›politischen Entscheidungen‹

Mit der Religion verlor die Kunst ihren Sinngehalt als Offenbarerin tiefster unaussprechlicher Wahrheiten. Da man jedoch nicht ganz ohne spirituelle Inhalte auszukommen vermochte, hat man in Verkennung der elementarsten Zusammenhänge versucht, die entwerteten religiösen Inhalte durch politische zu ersetzen. Damit erleben wir das beschämende Schauspiel, daß Künstler nicht mehr nach ihrem Können, sondern nach ihrer politischen Einstellung bewertet werden. Die Verleihung von Film- und Literaturpreisen erfolgt immer mehr nach ›politischen Entscheidungen‹.

Die osmanischen Kalifen sammelten christliche Kunstwerke nach Kriterien elitärer Vollendung. Es war ihnen völlig gleichgültig, ob der Künstler ein ›ungläubiger Schweinefleischesser‹ war oder ein Gesinnungsgenosse, Hauptsache, sein Werk war schön.

Wer weiß heute noch, welche Werke Leonardo da Vinci für den Tyrannen Sforza geschaffen hat und welche für den noch berüchtigteren Cesare Borgia? Obwohl die meisten Arbeiten extrem politischer Natur waren, interessierte das bereits zu Leonardos Lebzeiten keinen Kritiker. Wehe jedoch dem Künstler, der die Taten Hitlers so verherrlichte, wie Leonardo das seinerzeit mit seinen Tyrannen tat! Man würde ihn nicht nur wegen seiner politischen Instinktlosigkeit verurteilen, sondern ihm grundsätzlich das Recht auf künstlerische Integrität absprechen, unabhängig von dem, was er kann oder nicht kann.

Kunst als Spielzeug für intellektuelle Snobs

Durch die Kunst begreift der Mensch die Welt nicht verstandesmäßig, aber er erlebt sie intensiver und verdichteter als in der Realität. Die Kunst verbindet die Seele mit dem Verstand, das Unsterbliche mit dem Irdischen. Wer Seele und Unsterblichkeit leugnet, degradiert die Kunst zur Dekoration, zur luxuriösen Kapitalanlage, zum Museumsstück und Spielzeug für intellektuelle Snobs. Das Künstlerische wird zum Künstlichen und hat mit der Kunst nur noch die ästhetische Form gemeinsam – und meistens noch nicht einmal das.

Unsere Liebe zur Kunst der Primitiven ist im Grunde nichts anderes als die Sehnsucht nach dem verlorenen Paradies, in dem Religion und Kunst noch eine untrennbare Einheit sind.

Ist nicht auch Krebs eine Neuschöpfung?

In einem deutschen Völkerkundemuseum las ich: »Ein Betrachter, dessen ästhetisches Urteil in der traditionellen abendländischen Kunst verwurzelt ist, vermag mit der afrikanischen Kunst nichts anzufangen. Die unnatürlichen Proportionen vermitteln weder Schönheit noch Wahrheit. Dem Primitiven geht es nicht um naturgetreue Nachbildung. Die künstlerische Wirklichkeit liegt nicht in der sinnlichen Wahrnehmung, sondern in der Vorstellung. Es geht nicht um Nachahmung, sondern um Neuschöpfung.«

Das hört sich gut an.

Auf unsere Situation bezogen wüßte ich aber schon gern: Neuschöpfung von was?

Ist nicht auch Krebs eine Neuschöpfung?

Haben wir die Primitiven verändert oder sie uns?

Wir glauben, wir hätten die Primitiven zivilisiert, weil Schwarze und Indianer unsere Anzüge tragen und unsere Technik verwenden. In Wahrheit jedoch haben sie uns ›primitivisiert‹. Denn Kleidung und Maschinen sind äußerliche Applikationen. Kunst und Weltanschauung aber sind elementare Bestandteile aller menschlichen Existenz.

Und so wie Schwarze und Indianer an unserer ›Zivilisationskrankheit‹ leiden, so leiden wir an dem ›Stammesfieber‹, mit dem sie uns infiziert haben.

Europa, was ist das?

Wir Europäer sind keine Kulturschaffenden, wie viele glauben. Wir profitieren von der vergangenen europäischen Kultur. Wir sind nur noch Nutznießer wie die Afrikaner, Asiaten und Australier.

Europa ist kein geographischer, sondern ein kultureller Erdteil. Seine heutigen Bewohner haben mit dem kulturellen Europa so viel gemeinsam wie ein Indio mit dem Aztekenreich Moctezumas.

Die meisten Antworten sind nur neue Fragen

Warum wurde ausgerechnet aus der griechischen Kultur eine Weltkultur? Warum nicht aus den Kulturen Chinas, Ägyptens oder Mesopotamiens? Dort – und nicht in Griechenland – entstanden vor 7000 Jahren die ersten (uns bekannten) Hochkulturen.

Die meisten hochgelehrten Antworten auf diese Fragen sind in Wahrheit nur Fragen.

Die Soziologie sieht im Calvinismus die Ursache allen technischen Fortschrittes, denn der Calvinismus lehrt, daß Erfolg ein Zeichen göttlicher Gnade sei. Von daher stamme der übertriebene Anreiz, Erfolg um jeden Preis zu haben, und sei es mit Hilfe der Technik. Diese materialistisch orientierte Erklärung gibt keine Antwort auf die Frage: »Warum entstand der Calvinismus? Und warum entstand er ausgerechnet in Europa?«

Eingliederung in die Totschlägerreihe

Von Kafka stammt der Satz: »Kunst ist das Heraustreten aus der Totschlägerreihe.«

Seine ganze Wahrheit offenbart sich erst in seiner Umkehrung: Verzicht auf Kunst bedeutet Eingliederung in die Totschlägerreihe.

Wir brauchen Verrückte

G. B. Shaw wünschte sich vor fast 100 Jahren: »Was wir brauchen, sind Verrückte. Seht euch an, wo die Vernünftigen uns hingebracht haben.«

Sehe ich mir die Mehrzahl unserer Künstler an, so muß ich sagen: Shaws Wunsch ist in Erfüllung gegangen.

Der edle Wilde

Auf dem Höhepunkt der Französischen Revolution fand in Paris eine öffentliche Zeremonie statt, bei der Gott entthront und an seiner Stelle die Göttin der Vernunft gesetzt wurde. Zur gleichen Zeit entstand die mythische Konzeption vom edlen Wilden, der seitdem die Phantasie der Künstler, Dichter und Sozialreformer beschäftigt. Denn der Mensch vermag nicht im sterilen All der Vernunft zu existieren. Unsere Liebe zu den Primitiven hat ihre Wurzeln in der Aufklärung.

Der Afrikaforscher Laurens van der Post schrieb einmal: »Es zieht mich und Millionen andere nach Afrika, weil ich hier wie nirgendwo sonst in die Geheimnisse meines eigenen Herzens einzudringen vermag. Afrika eröffnet mir Zugang zu verborgenen Schichten, in meiner eigenen noch unverstandenen Seele, die ich sonst auf keine andere Weise erreicht hätte.«

Der schwarze Erdteil ist ein Traum. »Der Traum aber ist der eigentliche Gott der Primitiven.«

Augustinus vertrat den Standpunkt, das Heilige nicht zu zeigen, »denn das Verborgene stimmt uns ehrfürchtiger als das Enthüllte«.

Diese Erkenntnis galt jahrhundertelang in allen Hochkulturen. Im alten Ägypten durfte außer den Oberpriestern kein Sterblicher das Allerheiligste des Tempels betreten. Selbst im dekadenten Rom der Kaiserzeit gab es noch Mysterien, zu denen Uneingeweihte keinen Zugang hatten. In den romanischen Domen wurden die Reliquien völlig verborgen aufbewahrt. Ihre Zurschaustellung hätte man als Sakrileg empfunden. Aber selbst dort, wo das göttliche Wunder bildlich dargestellt wurde, geschah das wie bei den Ikonen immer geheimnisvoll verschlüsselt. Andere Kulturen, wie der Islam und das Judentum, untersagten sogar jegliche Abbildungen des Göttlichen.

In den Stammesmythen Afrikas und Ozeaniens vermögen die Götter erst wirksam zu werden, wenn man sich ein Bildnis von ihnen macht, wenn die Maskendämonen im großen Stammesspektakel leibhaftig mitherumspringen. Die unsichtbare Gottheit wird zum Gespenst. Bezeichnenderweise heißt auch die spektakulärste Jesusverfilmung unserer Tage *Das Gespenst.* Sein Regisseur Achternbusch läßt den Gottessohn mit einem Nachttopf als Bettelschale über den Münchner Viktualienmarkt geistern.

Dieser Film wurde zu Recht gegen allen Protest mit Steuergeldern als Kunstwerk subventioniert, denn ein Kunstwerk ist – wenn es dieses Prädikat verdient – immer ein Spiegelbild seiner Zeit:

Stammesprimitive verehren Gespenster.

Felszeichnung
Südwest-Afrika

Ballspieler (Ausschnitt)
Frans Masereel

Es lebe der Stamm!

Das Erwachen der primitiven
Gruppenjagdinstinkte.

Der Fußball-Negerstamm.

Ich bin, weil wir sind. Damit wir
sind, darum bin ich.

Die neuen Seher und Propheten.

Unsere Zukunftsvoraussage-Gläubigkeit
ist phänomenal.

Unsere Liebe zur Prognose
beruht nicht auf
ihrer Verläßlichkeit.

Das dunkle Auge.

Das Erwachen der primitiven Gruppenjagdinstinkte

Der Verhaltensforscher Desmond Morris wirft die Frage auf: »Was veranlaßt friedliche Bürger dazu, sich beim Fußball wie primitive Wilde aufzuführen?«

Um einem der seltsamsten Verhaltensmuster der modernen Gesellschaft auf den Grund zu kommen, ging er die Sache an wie ein Afrikaforscher, der unbekanntes Stammesgebiet betritt. Er schreibt: »Schon bald wurde mir klar, daß jedes Fußballzentrum, sprich jeder Fußballclub, wie ein Neger- oder Indianerstamm aufgebaut ist mit festen Stammesterritorien, Stammesältesten, Medizinmännern, Helden, Schlachtenbummlern und anderen Stammeszugehörigen. In vielen Fällen besitzt die Vereinstreue geradezu religiöse Züge. Man schmückt seine Wohnung, sein Auto, seine Kleidung mit Farben und Totemsymbolen seines Stammes.«

Im Herzen eines jeden Fußballterritoriums aber liegt das große Stammesheiligtum, das Stadion, von dem eine solche Magie ausstrahlt, daß ein Stammesmitglied selbst an den Tagen, an dem kein Spiel stattfindet, nicht daran vorbeizugehen vermag, ohne daß ihn eine unerklärliche Erregung befällt. Das Stadion ist eine heilige Stätte von einer kultischen Bedeutung, die ein Außenstehender nicht zu erfassen vermag.

Desmond Morris weiß, wovon er spricht, denn er ist nebenberuflich, wobei man sich von dem ›neben‹ nicht täuschen lassen sollte, Direktor des englischen Fußballclubs

Oxford United. Seiner Meinung nach begann die Geschichte des Fußballs in dem Augenblick, in dem sich unser affenähnlicher Vorfahre auf die Hinterbeine stellte. Auf dem Weg vom friedlichen harmlosen Sammler zum gerissenen Rudeljäger mußte unser Urahn neue körperliche und geistige Disziplinen entwickeln: Schnelligkeit, List und Ausdauer bei der Verfolgung, Schußgenauigkeit und Draufgängertum beim Stellen des gehetzten Wildes. Vor allem aber mußte er die Fähigkeit erlernen, mit seiner jagenden Horde zu einer Einheit zu verschmelzen. Das alles sind Tugenden eines erfolgreichen Fußballprofis.

Der Fußball-Negerstamm

So wurden unsere jagenden Urahnen mit der Zeit zu flinken und gerissenen Raubtieren mit eigener Kampftaktik und klaren Verfolgungsstrategien, bei denen Fallenstellen, Täuschen, Zielen und Treffen die Hauptrolle spielten. Das alles klingt wie die Beschreibung einer Fußballmannschaft, und das ist kein Zufall. Ebenfalls nicht zufällig ist die Tatsache, daß diese neandertalhafte Wolfsrudelhatz in der zweiten Hälfte des 20. Jahrhunderts zum Weltkampfspiel schlechthin avancierte. »Von mehr Kulturen übernommen, von mehr Völkern gespielt und von weit mehr Zuschauern verfolgt als irgendeine andere Sportart in der Geschichte der Menschheit.« Wobei die Bezeichnung Sport am Kern der Sache vorbeigeht. Bei europäischem Fußball, Soccer oder Rugby handelt es sich um die Befriedigung von primitiven Gruppenjagdinstinkten, die uns in tausendfacher Geschlechterfolge so tief einprogrammiert worden sind wie der Wohntrieb.

Daß es sich beim Fußball nicht nur um ein Spiel handelt, davon kann sich jedermann leicht selbst überzeugen. Das Kampfritual wiederholt sich so regelmäßig wie die Vollmondkulte der Südseeinsulaner.

Jedes Wochenende formieren sich martialisch aufgeputzte Stammesangehörige zu grölenden Heerscharen. Mit Schlachtgesängen und Kriegsgeschrei versuchen sie Überlegenheit zu demonstrieren. Wer nicht dazugehört, spürt die Aggression, die von diesem Stamm auf dem Kriegspfad ausgeht. Mit Pauken und Trompeten, mit Sprechchören und wildem Indianergeheul werden die Kämpfer angefeuert und die Feinde eingeschüchtert.

Ich bin, weil wir sind. Damit wir sind, darum bin ich

Höhepunkt in diesem kriegerischen Ritual sind die Schüsse und die erfolgreichen Treffer. Nichts ist dem Augenblick vergleichbar, in dem der Ball ins Netz fährt. Tore haben ihre eigene Legende von geschichtlichem Rang. Eine monumentale Marmortafel erinnert im Maracana-Stadion in Rio de Janeiro an jenen berühmten 19. November 1969, an dem der Fußballheld Pelé hier sein tausendstes Tor schoß, ein historischer Augenblick, über den die Zeitungen der ganzen Welt in Schlagzeilen berichteten. In Brasilien läuteten alle Kirchenglocken, und im Stadion übertönte der Jubel von einer Viertelmillion Zuschauer die Sambatrommeln und das Feuerwerkspektakel von 500 000

Knallkörpern und Raketen. Weder Hannibal noch Napoleon sind nach ihren Siegen so gefeiert worden.

Freilich hat es der strahlende Held auf dem Weg nach oben nicht leicht, denn er lebt wie der Prinz von Homburg in dem permanenten Konflikt, als Individuum brillieren zu wollen und sich gleichzeitig der Mannschaft unterordnen zu müssen, da der Erfolg vom Teamwork abhängt. Die Helden der Siegfriedsage sind aus solchem Holz geschnitzt, einsame fanatische Einzelkämpfer, erfüllt von blinder Nibelungentreue gegenüber dem eigenen Stamm, so wie Hagen von Tronje. Denn bei allen Naturvölkern ist der einzelne nur insofern existent, wie er Anteil hat an seinem Stamm.

Ich bin, weil wir sind.
Damit wir sind, darum bin ich.

Dieser Spruch der Zulukrieger könnte auch das Leitmotiv einer ehrgeizigen Fußballmannschaft sein.

Die neuen Seher und Propheten

In dem schmalen Grenzbereich zwischen primitiver Stammesexistenz und den sagenhaften Anfängen der Kulturen gedeiht eine besonders stark ausgeprägte Sehnsucht nach Prophezeiungen und Weissagungen. Die Anfänge des alten Judentums werden beherrscht von Propheten. Bei den Etruskern stellten Seher, sogenannte Haruspices, Prognosen aus dem Vogelflug. Aus vormesopotamischer Zeit stammt der Brauch, die Zukunft aus der Leber frisch geschlachteter Schafe zu deuten. Aus dem vorklassischen Griechenland kommt der Glaube an das priesterliche Orakel, vor allem an das delphische. Mit dem Erstarken der griechischen Kultur verlor das Orakel im vierten vorchristlichen Jahrhundert seine Bedeutung. Der Glaube, daß sich die Zukunft aus den Sternen ablesen läßt, stammt von den Vorfahren der Chaldäer. Er verbreitete sich von dort über die ganze Erde und hielt sich bis in die Gegenwart. Aber schon die Antike sah in ihm nicht mehr als eine Art Gesellschaftsspiel wie Kartenlegen oder Bleigießen. Die griechischen Dichter machten sich in ihren Komödien über die Wahrsagegläubigkeit lustig.

Unsere Zukunftsvoraussage-Gläubigkeit ist phänomenal

Natürlich hat es zu allen Zeiten Spielernaturen, unentschlossene Träumer und Verliebte gegeben, die ihr Glück in den Sternen gesucht haben. Zu keiner Zeit aber war der Glaube an die Zukunftsschau so stark entwickelt wie in der Gegenwart. Wir sprechen zwar nicht mehr von Orakeln, Weissagungen und Prophezeiungen, sondern von Prognosen und statistischen Hochrechnungen, meinen in Wahrheit aber dasselbe. Kein Gebiet, das von dieser Zukunftsschau nicht erfaßt würde. Es gibt Prognosen über das zu erwartende Steueraufkommen, über Leistungsbilanzen und Wachstumsraten, über Arbeitslose, Fehlgeburten und Rauchertote, über den Benzinpreis von übermorgen und die Bevölkerungsdichte in hundert Jahren. Unsere Zukunftsvoraussage-Gläubigkeit ist phänomenal. Wir wagen täglich Tausende von kompliziertesten Prophezeiungen, ohne zu wissen, ob sie jemals wahr werden.

Diese noch nie dagewesene Flut von Prognosen unterscheidet sich von der babylonischen Sterndeutung vor allem darin, daß sie schneller überholt ist und sich selbst widerlegt. Da helfen dann nur neue Prognosen. Wer da glaubt, unsere Statistiker, Hochrechner und Zukunftsforscher würden bei ihren Voraussagen mit höheren Trefferquoten arbeiten als das Orakel von Delphi, der möge bei der nächsten Schönwetter-Voraussage nur seinen Schirm daheim lassen. Die Chance, naß zu werden, ist nicht kleiner und nicht größer als bei der Leberschau.

Unsere Liebe zur Prognose beruht nicht auf ihrer Verläßlichkeit

Unsere Liebe zur Prognose beruht nicht auf ihrer Verläßlichkeit. Dafür gibt es mehr negative als positive Beispiele. Obwohl unsere Statistiker mit modernstem elektronischem Gerät arbeiten, vermochten sie weder ein so entscheidendes Ereignis wie die Ölkrise noch den Wahlsieg Reagans vorauszusagen. Wenn an all den Marktprognosen auch nur ein Funken von Verläßlichkeit wäre, so müßten seine Seher an den Börsen Millionen scheffeln, anstatt sich mit Prognosen ihren Unterhalt zu verdienen.

Trotzdem werden unsere Hochrechnungen auf die Zukunft zunehmen, und zwar in dem Maße, wie wir aus der klassischen Kulturgeschichte hinausgleiten.

Das dunkle Auge

Die Malaien sind wohlerzogen, höflich und friedlich. Sie reden niemals mit lauter Stimme und verlieren nur selten ihr Lächeln. Ihr Name leitet sich von *malu* ab, was so viel bedeutet wie ›sanft‹ oder ›gütig‹. Diese Sanften sind im Befolgen dessen, was sie für ihre Pflicht der Gemeinschaft gegenüber halten, geradezu Musterkinder der zivilisierten Menschheit.

Bisweilen aber ereignet sich etwas Ungeheures: Ein Mensch, der sich sein ganzes bisheriges Leben lang der Tradition untergeordnet hat, findet es plötzlich unmöglich, das auch weiterhin zu tun. Er streift alle Zivilisation ab und greift zum Messer, um alle die zu morden, die ihm solche Sanftheit auferlegt haben – Vater, Mutter, Frau und Kinder, den Priester oder den Plantagenbesitzer, dem er als Aufseher vorbildlich gedient hat. Geschieht einem Menschen so etwas, so sagt man, er sei *Mata Kelap* geworden. Sein Auge hat sich verfinstert. Er wird zum Amokläufer. Die Malaien sagen: »Ein Mensch, dessen Auge sich verfinstert hat, hat aufgehört, ein Mensch zu sein. Er steht außerhalb der Gesetze. Er ist primitiver als ein wildes Tier. Man muß ihn erschlagen wie einen tollwütigen Hund.«

Es gibt eine Vielzahl von Beweisen, daß wir im Begriff sind, unsere Jahrtausende alte Tradition und Zivilisation abzustreifen. Hüten wir uns vor dem *Mata Kelap*, dem dunklen Auge.

Namenregister